考拉旅行 乐游全球

重磅旅游图书
《泰国攻略》新装升级
一如既往带您畅游泰国

泰国攻略

旅游行家亲历亲拍！
超美泰国热地大赏！

GUIDE

2020-2021
全彩超值版

《泰国攻略》编辑部 编著

目录 CONTENTS

泰国攻略

Part.4 曼谷暹罗典范购物中心 …063

Part.5 曼谷苏坤蔚路 …075

Part.6 曼谷其他 …083

Part.8
芭提雅

Part.9 华欣

Part.10 清迈

RAYA RESORT

A 速度看泰国！

THAILAND HOW

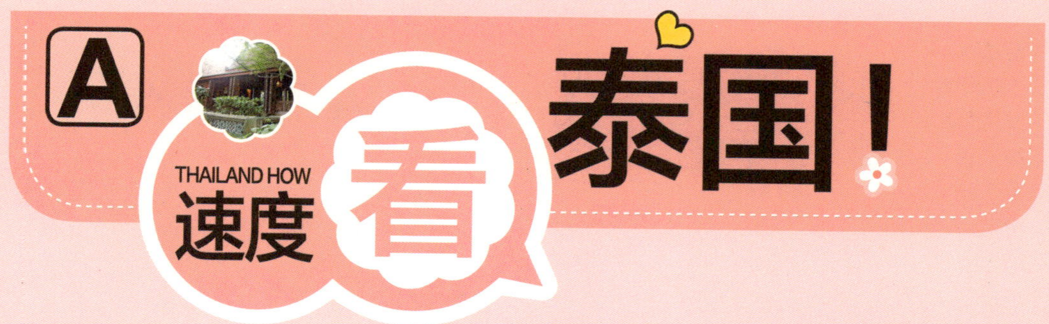

1 概况

旧时曾被称为暹罗的泰国地处热带，其全称是泰王国，以佛教文化和迷人的热带风情吸引世人慕名来到这里观光度假。泰国这个拥有上千年佛教历史的文明古国素有黄袍佛国之称，全国各地随处可以看到历史悠久的古老寺院与佛塔，又被称为东南亚的佛教王国。在泰国，除了佛教寺院外，金碧辉煌的王室宫殿同样吸引了无数游人的目光，是游人近距离了解泰国历史、亲身感受王室奢华生活的绝佳场所。

2 地理

地处东南亚中心的泰国拥有较长的海岸线，泰国北部是绵延的山区和茂密的丛林，南部的热带岛屿风光优美，中部平原的广阔稻田和东北部高原的半干旱农田是泰国主要产粮地。

3 气候

泰国属于热带季风气候，全年潮湿多雨，气候湿热，年平均气温为24℃~30℃，其中最高气温可达

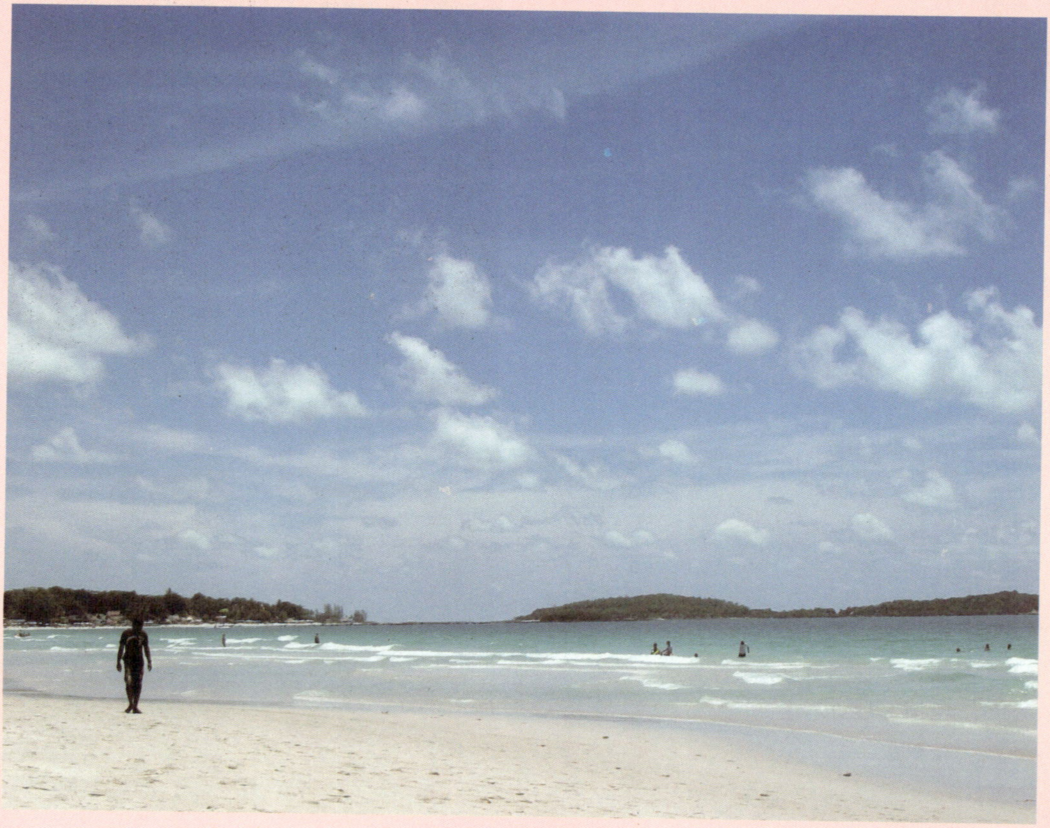

42℃，游人若在这期间来到泰国需要做好防暑降温的准备。

4 区划

泰国下辖首都曼谷一个直辖市，以及暖武里、巴吞他尼、大城、北标、北揽、佛统、夜功、那空那育、红统、信武里、素攀武里、乌泰他尼、猜那、华富里、龙仔厝、甘烹碧、北榄坡、帕、拍瑶、披集、清莱、夜丰颂、南邦、南奔、素可泰、清迈、程逸、彭世洛、碧差汶、难、呵叻、四色菊、加拉信、色军、孔敬、武里南、耶梭通、乌汶、乌隆、素林、那空帕农、猜也奔、莫达汉、黎、汶干廊开、黎逸、玛哈沙拉堪、巴真、北柳、尖竹汶、春武里、罗勇、达叻、巴蜀、叻丕、北碧、佛丕、达、甲米、北大年、宋卡、沙敦、也拉、拉农、洛坤、春蓬、陶公、素叻、普吉、博达伦、董里、攀牙、沙缴、安纳乍能、廊莫那浦76个府，共77个一级行政区。

5 人口与民族

泰国人口约有6880万，国花是睡莲。

1 如何办理赴泰旅游观光手续及注意事项

泰国是闻名世界的旅游度假胜地，中国各省、市、自治区公民办理赴泰旅游签证非常方便，只需有一定经济能力就可以前往泰国驻中国使馆申请签证，此外也可委托各旅行社代办，具体办理手续如下：

泰国观光旅游	
申请资格	目前，中国所有地区公民只要有足够的经济能力进行家庭旅行或者个人旅行，都可以申请办理泰国旅游签证。
所需证件	1.旅游签证申请表2份，需要本人签名。 2.有效期在6个月以上的护照和护照复印件一份。 3.不少于1万元人民币，有效期在6个月以上的定期存款证明或存折复印件，或3万元以上人民币的活期存款证明，如果一家人申请泰国旅游签证，可以共用一份存款证明或存折复印件，此外还需要提供结婚证复印件、出生证明复印件或户口复印件。 4.两寸近期直边正面免冠光面彩色照片2张。 5.申请者本人单位或街道办事处的英文担保信原件一份（内容包括：申请者姓名；赴泰目的；在泰停留期；该信必须担保申请者按期返回中国，使用印有该单位抬头的信纸打印，并附有该单位的地址及电话，此信还必须加盖单位公章，负责人签字及签字人的姓名和职务）；如申请者未满16周岁，需要提供中英文的关系公证书原件及复印件。 6.已确认的往返机票，以及该票的复印件一份。
所需费用	证件费用230元
领取证件	申请受理后，按照回执上标明的取证日期到指定部门领取证件。领取时应携带本人户口簿、居民身份证和回执，并在交付证件费用后取证。取证后一定要认真核对证件及签注的各项内容，防止出现差错。
注意事项	1.根据签证申请单位的不同，可能会需要银行出具1万元以上的半年期存款证明。 2.在办理签证之前，请先仔细询问所需材料，根据申请单位的不同，可能会需要出示其他辅助材料。 3.旅游签证一般有效期为3个月，进入泰国国境后可以停留不超过60天。如超过签证期限，每多停留一天则会被罚款100泰铢。如游客申请延期签证，可到大使馆办理，手续费为500泰铢。

*上述介绍仅供参考，具体申请手续以当地有关部门公布的规定为准。

2 在泰国需要注意的旅行生活常识

泰国常年潮湿多雨，气候湿热，尤其每年3月至5月气温可高达40℃，游客需要准备太阳镜、防晒霜、遮阳伞等，并注意饮水防止中暑。泰国的货币单位为铢，主要有5、10、20、50、100及500铢等六种面额的纸币和5、10、25、50萨当及1、5铢六种铸币，1铢等于100萨当。人民币在泰国虽然不属于流通货币，但游客在泰国各大城市和热门旅游度假地的商店和ATM机可直接使用中国银联卡刷卡消费和支取现金，中国银联会直接将泰铢转换成人民币，并不收取货币转换费，非常方便。

泰国是一个佛教国家，在泰国旅游，需要注意不论大小、是否残缺，任何佛像都是神圣不可侵犯的，不要对佛像做出任何不敬的行为，如果带小孩同行切忌不能让小孩去攀爬佛像。进入泰国寺庙观光，游客需要脱鞋，同时衣着要整齐、端庄，穿有领子的衬衣，最好不要穿短裤，更不要裸露上身。此外，需要注意在泰国僧侣是被禁止与女性接触的，如果有信奉佛教的游客需要奉献财物，可以请同行的男性转交，或者直接放在桌子上。此外，泰国人民非常尊敬王室，注意不要在公共场合发表对泰国王室不敬的言论，进入泰国大王宫观光时女士必须穿长裤或长裙及有袖衬衫，男士必须穿有领上装，均不准穿拖鞋。

1 航空

泰国的民航业十分发达，曼谷、苏梅岛、普吉岛、合艾、清迈、素可泰等重要城市和旅游胜地都建有国际机场，其中曼谷素万那普国际机场是东南亚重要的航空枢纽之一，也是大部分中国游客进入泰国的第一站。

2 火车

泰国铁路网以曼谷为中心向国内各大城市辐射，此外，从新加坡、马来西亚也可乘国际列车前往泰国。游客在泰国乘坐火车旅行可在曼谷华南蓬火车站提前预订车票，当地的列车时刻表也有专门提供给游客的英文版，非常方便。

3 长途客运

泰国的公路与铁路相同，以曼谷为中心向全国各地辐射。泰国长途客车的速度超过火车，其中VIP长途客车更是具有空间大、座位舒适的优点，并配有空调和卫生间，还提供免费餐饮，是在泰国长途旅行的绝佳选择。

4 船运

泰国拥有独具民族色彩的各种渡船，在曼谷等地游览观光的游客经常可以看到优雅而修长的长尾船穿梭于水面之上，在度假地还会遇到色彩鲜艳的木制小船把游客摆渡到附近的岛屿或陆地上，别有一番风情。值得注意的是，泰国各地的渡船班次和时刻不十分固定，受天气和水流的影响较大，乘坐渡船需事先问清楚相关班次及是否开航。

1 大王宫

大王宫是泰国从拉玛一世起至今8代国王的王宫所在，这座王宫建于18世纪，内部的宫殿全都采取佛寺一般的圆顶建筑，并且用金箔覆盖，显得华贵异常。宫殿内部装饰有精美的壁画，都是泰国绘画艺术的最高峰之作。

2 卧佛寺

卧佛寺是泰国现存最古老也最大的寺庙，寺内的佛殿大多装饰精美，正殿中46米长的卧佛造型精美，用料讲究，堪称世界佛教造像中的顶尖作品。此外在寺庙墙上还有用一百多块大理石雕成的叙事浮雕，也是镇寺之宝之一。

3 泰国国家博物馆

泰国国家博物馆是从过去的王室御用船坞改建而成，珍藏着从远古一直到现代的各种珍稀文物，其中以王室所用的龙凤船最为华贵，此外还有历代泰王使用的器具等，都尽显王室的雍容豪华。

4 金山寺

金山寺也称沙阁寺，这座寺庙在泰国佛教界享有很高的声誉，在寺庙里除了供奉有佛祖舍利外，还有一尊泰国最大的铜制坐佛佛像，每年泰国水灯节时，人们都会聚集到这里来礼佛，也是沙阁寺最热闹的日子。

5 柚木宫

柚木宫建于泰王拉玛五世时期，整座宫殿拥有数百个房间，全部都是用上等的金柚木搭建而成，也是世界上最大的纯柚木建筑。在宫殿里除了能感受到阵阵海风外，还能闻到柚木发出的淡淡清香，堪称世界建筑史上的顶尖杰作。

6 帕玛哈泰寺

帕玛哈泰寺建于14世纪，是大城王朝时期标志性的高棉式寺院，拥有一座高大的佛塔。在寺里有一株大榕树，榕树中包裹着一尊佛像，只有佛头露出外面，形成著名的“榕树包佛头”景观。

7 蒂芬妮人妖秀

蒂芬妮人妖大剧院是芭提雅最著名的旅游景点，这里每天都会进行精彩的人妖秀表演，因此人气高涨，甚至达到一票难求的地步。每年蒂芬妮都会举办人妖选美大赛，选出蒂芬妮小姐，是这里最重要的节日。

8 拷汪宫

拷汪宫是著名电影《安娜与国王》中的行宫原型，是泰王拉玛四世的行宫。这里位于群山之中，并没有王家宫殿那种豪华气派，反而有一种贴近自然的优雅风度，王宫内展示了拉玛四世和五世两位泰王的日常用品和各种艺术品，每年还会举行相应的旅游节日活动。

9 隆圣骨寺

隆圣骨寺也称大塔寺，标志就是那一座巨大的佛塔，虽然佛塔目前仅存一小段遗迹，但还是能从塔里那精致的雕塑和四周围绕的佛像一窥其旧日的繁华，在寺庙的殿堂里还供奉着高僧们的蜡像，形神兼备，栩栩如生。

10 普吉岛

普吉岛被称作泰国的珍珠，它是泰国最富盛名的海边旅游胜地，旅游业极为发达。人们既能在这里的沙滩上享受和大海接触的乐趣，也能在岛上丰富多彩的旅游设施里享受夜生活的乐趣，不愧为旅游的天堂。

1 建兴酒家

建兴酒家是泰国著名的海鲜酒店，尤其以制作美味的咖喱螃蟹而著名，这里的海鲜用料讲究，口味多样，适合来自世界各地的客人。除了海鲜外，正宗的泰式料理也是这里的招牌菜。

2 MK火锅专门店

MK火锅专门店是泰国最著名的火锅连锁店，和中国人喜欢晚上吃火锅的习惯不同，泰国人都是不分早晚和季节，非常喜爱火锅。除了火锅，这里还提供经典的泰式饭菜，口味都很不错。

3 Sukhumvit House Number 1

曼谷的Sukhumvit House Number 1是一家建在从前国王行宫内的豪华饭店，因此这里也主要经营泰国宫廷饭菜，这里的菜肴全都是精雕细琢，口味极佳，可以从这些饭菜中感受到以前泰国王室的豪华风格。

4 Mrs. Balbir's Restaurant

Mrs. Balbir's Restaurant是曼谷一家经营正宗印度菜的饭馆，由一位旅居泰国多年的印度人创办。她将印度和泰国两种菜式的口味融合在一起，创立出适合泰国人口味的印度料理，获得了一致好评。

5 Blue Elephant Royal Thai Cuisine

Blue Elephant Royal Thai Cuisine开在曼谷，号称是泰国菜第一品牌，这里的菜式结合泰国过去、现在、未来三个阶段的料理，可以说将泰国料理的历史融入到饭菜之中，在世界上都享有盛名。

6 Paulaner Beer Garden

Paulaner Beer Garden是曼谷最著名的啤酒屋，店里以轻松自在的装饰和古朴典雅的色调吸引了每一个来这里的客人。人们在这里可以充分地放松自己，并且畅饮啤酒。

7 Sirocco

Sirocco位于曼谷63层的Meritus饭店楼顶，圆球形的造型非常引人注目。这里的招牌菜是法国大餐，厨师也都是从法国请来的。每天晚上这里还会有爵士乐队为大家表演动听的音乐，使进餐成为一种高级的享受。

8 Bug&Bee the Café with a Buzz

Bug&Bee the Café with a Buzz是曼谷时下最受年轻人喜爱的饭店，这里装饰很具现代感，各种色彩搭配非常新潮。这里将来自法国的可丽饼融入到各种料理中去，创新出了很多美味的菜肴。

9 Naatayasala Hun Lakorn Lek

Naatayasala Hun Lakorn Lek是曼谷一家标准的泰国菜餐馆，这里除了菜肴美味外，还专门会在用餐的时候向客人表演精彩有趣的木偶戏，一下子就为店里招来了不少小朋友。

10 Gulliver's Traveler's Tavern

地处曼谷考山路的Gulliver's Traveler's Tavern，招牌是一辆挂在二楼墙上的TUTU车，在莱昂纳多主演的电影《海滩》中也出现了这家街头餐吧的身影，经常可以看到各国游客坐在这里喝着几十泰铢的啤酒，吃着盘中美味可口的泰国菜，伴随着音乐阵阵欢呼的身影。

① 皮革制品

泰国的皮革制品是每个来泰国旅游的客人都会购买的商品，不光是因为这里的皮革制品物美价廉，经久耐用，更是因为其中还有不少很特别的皮革。这里的皮革除了常见的猪、牛、羊等皮外，还会有鳄鱼皮、珍珠鱼皮、蛇皮、蜥蜴皮、蝎子皮等新奇罕见的皮革，这让每个人都大开眼界。其中的鳄鱼皮更是以其韧性好、耐用、档次高等特点成为人们追捧的新宠，用鳄鱼皮制成的皮夹、皮带、口袋、小饰品等物也都是人们争相购买的主要产品。

② 泰丝

自古以来，泰国就是继中国之后的又一大丝绸产地，泰国的丝绸质地轻柔、色彩艳丽，富有特殊光泽，上面的图案也很富东南亚风情，是来自世界各地的游客们最喜欢的泰国工艺品之一。在泰国举行的APEC国家领导人会议上，所有与会人士身着的就都是泰丝织成的衣物。一般出售的泰丝多为衣料以及成品衣物，其他还有餐垫、领带、丝巾等小织物，适合每个需求不同的客人。如今泰丝市场鱼龙混杂，购买的时候需分清人造和天然的泰丝，去信誉佳的大商店为好。

③ 陶器

在泰国，陶器是很常见的一种器皿，人们在各个方面都要用到它。泰国的陶器以多彩的釉面而出名，绝大部分都是手工制成。尤其是在泰国东北部地区，大大小小陶器作坊随处可见，这里也就成为泰国最重要的陶器产出地。泰国陶器的主要出口对象都是一些日式餐馆，青绿色树叶形状的小碟、淡青色的小酒盅和黑色点缀淡黄色小花的大碗是其中最主要的样式，此外还有一种形状好似台灯的陶器，这是专门用于供奉神佛用的灯，在泰国人的生活中占有很重要的位置。

4 木雕艺术品

泰国木雕也是泰国手工艺制品中的佼佼者，在泰国多热带雨林，有不少十分适合雕刻的木材，人们就发挥自己的聪明才智，将它们雕刻成一件件出色的工艺品。泰国木雕有很多都是以佛教内容为主，各种佛像、佛教故事中的英雄或是能带来吉祥如意的神圣动物等，都成为木雕艺术品中最常见的样式。这些木雕大多都尽量保持了木头原有的纹路和形状，在它最天然的基础上进行雕刻，在极具观赏性的同时甚至还能闻到木头里原生的香味。因此泰国木雕的名声传遍全球，成为游客们的最爱之一。

5 蜡制工艺品

泰国人的心灵手巧在各种手工艺品中尽显无遗，尤其是在泰国有一种用蜡制作的工艺品，更是其中的佼佼者。这种制品完全是由蜡捏制而成的，在巧手的匠人手中可以变幻出各种形态，其中主要以佛像、动物、花草等为主，尤其是其中的蜡花，颜色多姿多彩，宛如真花一样，而且永远不会凋谢，可以保持最美的姿态。各种佛像也是由金漆涂抹，闪闪发光，比陶塑或是石制的佛像更为轻便而且造型也更为细致。这种蜡在干燥后十分牢固，不必担心会破损。

6 大象纪念品

大象可以说是泰国的象征，这种庞大的动物被泰国人赋予了吉祥如意等多种美丽的含义，因此在泰国到处都能看到人们和大象的互动表演。在大象表演的同时，各种大象纪念品就成了人们青睐的对象。这些大象纪念品种类繁多，有木制的，有金属的，还有蜡制的等等，造型大多为可爱的大象形象，或是各种变化的卡通图案，大人小孩看了都会喜欢，爱不释手。此外还有画有大象图案的T恤或是泰国传统服装等，穿在身上有一种和泰国融为一体的感觉。

7 珠宝

泰国可以说是东南亚的珠宝中心，这里盛产各种红、蓝、绿宝石和紫水晶，其中产于泰国东部尖竹汶府的红宝石更是有“暹罗石”的美誉，因此珠宝业一直都是泰国最重要的产业之一。泰国的珠宝加工工艺也是世界一流的，与美国、印度、以色列和比利时并列为全球五大珠宝加工中心。这里的珠宝以其出色的设计和华贵典雅的外观而备受业界的关注和顾客的喜爱。同时因为泰国是佛教国家，泰国的珠宝在光鲜亮丽的外观之下还融合了不少佛教元素，因此更显得富有特色。

8 海产品

泰国是一个沿海国家，拥有丰富的海洋资源，其中海产品是最为重要的一个部分。泰国海产品常年占据了泰国捕捞业的90%以上份额。直到目前为止，泰国仍然是世界第一产虾大国和世界最大的虾产品出口国。同时泰国也是一个海产品加工的大国，利用丰富的渔业资源加工出来的鱿鱼生鱼片、鱿鱼圈、鱿鱼饭、鱿鱼排、冷冻海产品混合包、鱿鱼丸等远销中国、日本等国家。在泰国还能买到很多不错的海产品制品，各种生鱼片和鱼丸到处都是，不光味道鲜美，而且十分新鲜。

9 咖喱酱

泰国文化深受中国和印度的影响，因此有很多印度要素在内，除了佛教以外就要数咖喱了。泰国咖喱在印度咖喱的基础上发展而来，而且融合了很多东南亚风格，形成了自己独特的风味。泰国咖喱酱以当地特产的椰奶作为基本作料，另加入了包括柠檬草、虾酱、鱼酱以及十几种本地种植的香料、辣椒在内的多种调味料，口味从温和到极辣的都有，适合所有要求各不相同的顾客。其颜色也分红、绿、黄等好几种，肯定会让初次来到泰国的人挑花眼。

10 鱼露

鱼露原产自我国东南沿海地区，是一种使用小鱼虾为原料制成的调味料，多用于闽粤菜系之中。后来随着我国侨民的迁居传入泰国，此后就在泰国生根发芽，成为泰国菜中必不可少的一种调味料，如今泰国是世界上鱼露最大的出产国，风味也适合东南亚人的口味，与我国的鱼露有所区别。在泰国大街小巷中的食品店里随处都能看到各种包装的鱼露，这些鱼露含有丰富的氨基酸和蛋白质，对人体颇有裨益。在泰国鱼露被分作六级，级别越高，质量越好，价钱也越贵，购买时一定要注意。

清晨
到达曼谷

DAY 1

白天 曼谷

泰国首都曼谷又被称为天使之城，这座历史悠久的佛教之都拥有卧佛寺、秋千寺、玛哈塔寺、金山寺、金佛寺等大量气势恢宏的佛教寺院，甚至就连曼谷繁华的闹市街区也可以看到虔诚的泰国人双手合十向佛像祷告的身影。除了佛教寺庙，曼谷还有繁华热闹的商业街，众多现代化的高档购物中心人流熙攘，可以买到全世界各地知名品牌的商品。金碧辉煌的泰国大王宫则是泰国王室的象征，可在参观过程中亲身感受王室奢华生活。

夜晚 桑仑夜市

3000多家店铺整齐排列的桑仑夜市是目前曼谷规模最大的夜市之一，每天下午3点就开始营业，第二天凌晨才会收摊打烊。除了品尝各种美味小吃外，游人还可以在这里购买泰丝、棉织品、木雕、泰国娃娃、泰国古典面具等极具艺术价值的泰国工艺品作纪念。

DAY 2

白天 大城

地处曼谷以北的大城是一座历史悠久的古老都市，原名阿育塔亚的大城拥有大量精美的古迹。大城古皇宫遗址内保存完好的佛塔和佛寺内宏伟的建筑无不体现出厚重的历史感，是联合国教科文组织列为泰国七大世界级保护古迹之一。毗邻湄南河的大城除了众多历史古迹外，还有泰王拉玛四世修建的行宫，这座融合了中、泰、缅、意等国家建筑风格的宫殿美轮美奂，其中金碧辉煌的水上金殿更是挽巴茵夏宫的标志性建筑。

夜晚 夜游湄南河

曼谷的母亲河——湄南河蜿蜒流淌，游人在大城游览后可选择乘坐游轮沿途观光，体验船上进餐的感觉，并欣赏湄南河的河畔夜景。

DAY 3

白天 芭提雅

芭提雅位于暹罗湾，在旧时曾经是一处滨海小渔村，以明媚的阳光、洁白细腻的沙滩、蔚蓝的大海而闻名，是泰国最富盛名的度假胜地之一，素有东方夏威夷之称。芭提雅长达40公里的海滩上常年阳光明媚，除了滑水、冲浪、潜水等水上娱乐项目外，游人还可在芭提雅近年新建的信不信由你博物馆、玻璃瓶博物馆、东芭乐园、迷你暹罗园等主题公园游玩。

夜晚 蒂芬妮人妖秀

芭提雅的夜晚美丽浪漫，在海滩欣赏焰火表演之余，游人还可乘游船出海夜游，或是去蒂芬妮剧院欣赏泰国最知名的人妖表演。

DAY 4

白天 清迈

地处泰国北部的清迈是泰国第二大城市，这座气候温润的城市内随处可以看到缤纷艳丽的玫瑰花，素有“北部玫瑰”之称，是泰国知名的避暑度假胜地。历史悠久的清迈曾经是泰北兰纳泰王国的都城，城中双龙寺、松达寺、蒲屏宫、帕辛宫、隆圣骨寺等寺院终日香烟缭绕，代表着泰北地区灿烂的佛教文化。此外，清迈还是泰国著名的陶瓷器产地，除了体验当地的少数民族风情和品尝特色小吃外，游人在观光之余不妨走访清迈的陶瓷器生产中心，选上一两件中意的陶瓷器皿作为纪念。

夜晚 清迈夜市

人流熙攘的清迈夜市是泰国北部最大的夜市，除了一般夜市常见的小吃摊位外，清迈夜市还有大量时装、饰品盒及当地特产泰丝、瓷器的摊位，每晚在夜市中心的广场上还有清迈当地的传统舞蹈表演，不可错过。

DAY 5

白天 普吉岛

作为泰国最知名的热带旅游度假胜地，地处泰国南部的普吉岛是泰国第一大岛，充满浓郁热带风情的普吉岛上除了细腻的沙滩，还有起伏的山丘与茂密的热带雨林，以及千奇百态的礁石岩洞，游人在普吉岛上除了游泳、帆板、滑水、潜水等海滩常见的娱乐项目外，还可前往普吉岛附近众多风景优美的岛屿观光，或是在夜晚去岛上灯火辉煌的迪厅和酒吧尽情释放自己的激情。

夜晚

前往普吉国际机场，启程踏上归途。

泰国
攻略HOW

Part.1 曼谷大王宫

地处曼谷市中心的曼谷大王宫是泰王拉玛一世到拉玛八世的王宫，作为曼谷王朝的标志，大王宫的建筑美轮美奂，所有宫殿都是金碧辉煌的王冠形建筑，令无数游人赞叹不已。

曼谷大王宫 特别看点！

第1名！
大王宫！

100分！

★金碧辉煌的泰国王宫，泰国王室的象征！

第2名！
湄南河！

90分！

★流经曼谷的泰国第一大河，曼谷的母亲河！

第3名！
卧佛寺！

75分！

★曼谷历史最悠久的寺庙，气势恢宏的佛教殿堂！

01 大王宫

100分！

金碧辉煌的泰国王宫

大王宫位于曼谷的市中心，它自建成以来，一直是泰国王室所居住的地方，也是东南亚地区最为雄伟壮观的宫殿建筑群。宫殿的外墙为白色，顶部则是红绿相间的琉璃瓦，它们与王宫内的葱茏林木、色彩缤纷的鲜花交相辉映，华

美的景象令人赞叹不已。大王宫内的宫殿众多，其中最值得游览的当属杜西特·玛哈普拉沙德宫，这是泰国王室举行重大典礼仪式的地方，各种装饰极为奢华，用于接待外宾的查克里宫则是一座气势雄伟的殿堂。

Tips

Phra Borom Maha Ratchawang, Phra Nakhon, Bangkok 10200 乘Chao Phraya Express渡轮至Tha-Chang站下 02-6941222 ¥200泰铢

必玩01 猴神像

取材于神话传说的神猴塑像

猴神像是印度史诗《罗摩衍那》中的神猴哈努曼的塑像，它是大王宫内最常见的四种神像之一，大都位于佛塔的底座部分。这些猴神像的造型各有不同，表情生动活泼，惟妙惟肖，值得一提的是猴神像身上的盔甲都是由纯金打造的。

必玩02 奇那瑞鸟神像

奇异的神鸟像

奇那瑞鸟神像是东南亚地区常见的神像之一，它就是佛教典籍中经常出现的“紧那罗王”。大王宫里的奇那瑞鸟神像造型精美，神态优雅，主要出现在宫殿走廊的栏杆上。

必玩03 金翅鸟

王宫内随处可见的神像

金翅鸟是最受泰国人民崇敬的神兽，它的另一个名字迦楼罗则广为人知。这种神像在王宫内随处可见，大都有着威猛的造型，鸟首人身，身穿金色盔甲，脚踩毒蛇，被人誉为永不疲倦的护卫。

必玩04 节基殿

气势宏伟的殿堂

节基殿修建于1876年，是泰国大王宫中最为雄伟壮观的殿堂，它的墙壁是传统的中国殿堂类型，但主体部分则是英国的维多利亚式风格，顶部还有泰式的尖塔，这三种风格令巧妙地融合在一起，令人叹为观止。

必玩05 夜叉像

造型精美的雕像

大王宫里的夜叉像数量虽然不多，却个个造型精美，常令路过的游客们驻足观看。此类雕像大都位于宫殿的门口，它们器宇轩昂，手持金刚杵。夜叉像的色彩各不相同，许多地方还描绘着精美的花纹。

必玩06 玉佛寺

与大王宫齐名的寺庙

玉佛寺是泰国王室的御用寺庙，它与大王宫建于同一时期，是举行各种重要宗教仪式的地方。大殿里有一尊高66厘米的玉佛，它是用一整块玉石雕刻而成的，精美异常。

02 王家田广场

曼谷著名的城市广场

王家田广场位于泰国大王宫的前方，这里曾是泰国王室举行各种典礼用的广场，现在则是曼谷著名的旅游景点。广场四周遍布着不同时代的建筑物，它们的类型多样，可谓是一个天然的建筑博物馆。游客来到这里可以欣赏国家博物馆、国家剧院、国家艺术馆和曼谷守护神寺等造型各异的建筑物景观。王家田广场上林木茂密，游客们可以在树下将王宫的壮丽美景和周围的高楼大厦拍摄下来，作为纪念。

必玩 城市之柱

曼谷的城市守护支柱

泰国的每座城市都有一根用于守护城市的支柱，曼谷的城市之柱就位于王家田广场的中央，它是用于祈祷城市兴旺发达的守护之柱，被精心地安置在一座华丽的泰式宫殿中，每天都会有当地的市民前去参拜。

03 卧佛寺 75分!

曼谷历史最为悠久的寺庙 ★★★★★ 赏

卧佛寺又称菩提寺，是泰国现存寺庙中最古老的一座，这里香火旺盛，历代多有修缮扩建，因此成为泰国占地面积最大的寺庙。寺内的佛殿结构精巧，是泰国建筑艺术的瑰宝。雕梁画栋的大雄宝殿是这里的核心建筑，殿外栏杆的柱与柱之间，共有154幅用大理石雕刻的“拉玛坚”故事浮雕图案，有很高的艺术价值。这座雄伟的殿堂与那些各有特色的佛塔一起构成了卧佛寺最华美的景致。提到卧佛寺自然不能不提那座全长为46米的巨大卧佛佛像，这座壮观的佛像高15米，由砖石砌成并镶嵌金箔。大佛足掌长度就有5米，宽度有1.5米，上面装饰着由珍珠母贝壳镶嵌而成的108个吉祥图案，衬托着大佛安详平和的神情。大佛右手托头，再现他涅槃时刻之情状。德莱佛堂是该寺最为华美的建筑，它造型独特，大门的顶部有着3个佛塔似的装饰物，这3个尖顶全身上下都镶嵌着彩色瓷片，在阳光的照射下散发出耀眼的光芒。

卧佛寺内大、小佛塔近百座，有“塔林”之称。最壮观的当属4座高达41米的大型摩诃佛塔，分别用青、白、黄、蓝四色瓷砖镶嵌塔身以作区分。它们巍峨耸立，是曼谷市内最辉煌的建筑群之一。和别的寺庙一样，卧佛寺殿堂的廊柱、墙壁、石碑上都刻有文字和图案，它们起着向民众普及各种知识的作用，包括建筑、历史、佛教、医药、卫生、格言、文学、暹罗属地和风俗习惯等多方面的内容。因此卧佛寺有着“泰国第一所大学”的美誉，至今仍是教授学徒传统泰式按摩技巧和医疗保健的地方。

Tips

248 Thanon Thai Wang, Phra Borom Maha Ratchawang, Phra Nakhon, Bangkok 10200, Thailand 乘Chao Phraya Express渡轮在Tha-Thien站下 02-2812831 ¥ 35泰铢

04 郑王庙

泰国的王家寺庙之一

气势雄伟的郑王庙是泰国的王家寺庙之一，是为纪念带领泰国人民争取独立的民族英雄、第41代泰王郑信而建的庙宇。这组壮观的建筑群位于湄南河畔，占地面积之大在泰国屈指可数。寺内有佛足印的四方殿、佛塔、王冠形尖顶的门楼、佛亭、6米高的巨魔雕塑、回廊、假山以及中国石像等景点，各有特色。郑王庙的主塔庙堂是供奉郑王像的地方，殿内的郑王塑像英武肃穆，有着非凡的气势，殿内展有他的遗物，作为镇庙之宝供人参观。那一个个悬挂着的中国式灯笼是这位华裔加深泰中两国亲缘关系和深厚友谊的最好证明。

郑王庙中最具魅力的建筑当属那一座座拔地而起的高塔，尤其是近80米高的巴壤塔更是有“泰国的埃菲尔铁塔”的美誉。这座婆罗门风格的佛塔造型古朴而庄重，方形的塔身上镶嵌着由各色碎瓷片组成的各种花纹，在阳光的照射下散发出绚丽的光芒。巴壤塔呈方形又如山峰般逐级缩小。塔的底部绘有巨幅图画，内容都取材于佛教典籍，其技法之精美令人叹服。这座巨塔的周围还有4座陪塔，共同构成了壮丽的塔群。游客们可以登临塔顶鸟瞰四周，无论是曼谷繁华的都市风情，还是奔腾不息的湄南河，都能尽收眼底。

每年12月，郑王庙会举行盛大的皇家托的卡定祭典，它不但是这里最大的庆典，也是泰国王室的重要祭典之一。

Tips

Bangkok Yai, Bangkok 10600, Thailand
乘Chao Phraya Express渡轮至Tha-Tien站，换乘Wat Arun接驳船到郑王庙下 ☎ 02-8911149 ¥ 20泰铢

05 泰国国家博物馆

修建在河畔的博物馆

泰国国家博物馆建在流经曼谷市区的湄南河支流上，是由古代泰国王室的御用船坞改建而成，这使得它有着难以言喻的独特魅力。这座东南亚最大的博物馆，收集了从远古的石器时代到现代社会不同阶段的各种珍稀物品及生活用具。收集得最为齐全的是泰国各个时期的雕刻和古典艺术品，以及民间传统艺术的杰出代表——木偶和皮影戏用具等。

这座博物馆中最引人注目的藏品当属那一艘艘金光闪烁的龙凤舟。它们是古代泰国王室的御用船只，船身镶嵌有金箔和珠宝翡翠，既彰显出王室的华贵之气，又将船只装点得富丽堂皇。供国王夫妇乘坐的船只被称为凤舟，它的船首宛如一只高高翘起的凤头，嘴上叼着一绺璎珞，姿态端丽，神情温柔。泰国国家博物馆内还陈列着许多珍贵的文物，既有历代泰王用过的武器和生活用具，也有各种历史文物。游客们既能看到出土的班清文化的古老文物、吞武里府女子古乐队的灰塑、西维差时期的指地印那伽光背佛像，也能看到有“泰国维纳斯”之称的阿瓦罗甘旦舜菩萨像、素可泰的著名石碑，至于古代兵器、服饰、乐器、陶瓷、五彩瓷、象牙雕、珠母镶嵌、木偶等民间用品更是应有尽有。

Tips

Thanon Na Phra That, Phra Borom Maha Ratchawang, Phra Nakhon, Bangkok 10200 乘Chao Phraya Express渡轮在Tha-Chang站下 02-2812224 100泰铢

06 王家船屋

国家博物馆的主体建筑

Arun Amarin, Bangkok Noi, Bangkok 10700, Thailand 乘Chao Phraya Express渡轮在船屋站下 02-4240004 ¥30泰铢

王家船屋是过去泰国王室的御用码头，也是过去诸多重大庆典游行的起点，后来则被改造成为国家博物馆的主体建筑。游人们在这里可以看到泰国王室所用过的各种舟船，国王和王后所乘坐的“龙凤舟”华美异常，各种奢侈的装饰令人惊叹不已。Suphannahong号看上去只是一个普通驳船，但它却是拉玛七世发动政变的地方，有着重要的历史意义。游人们在这里还能看到泰国国王所用过的现代游艇Anantanagaraj号和Anekcharphutchong号。

07 国家剧院

泰国最好的艺术表演中心之一

国家剧院是泰国最知名的严肃艺术表演中心，它是举办各种大型晚会、演唱会、音乐会和戏剧表演的地方。这座剧院内设施先进，视听环境优越，能让观众获得很好的感官享受，并沉醉在那一个个梦幻世界之中。国家剧院还是泰国政府指定的表演各种传统戏剧的演出场所，其中以“箜”舞最受欢迎，演员们会佩戴着传统的泰式面具表演舞蹈，并用灵活的身姿展示出优美的舞姿，能够让观众感受到泰国文化的独特魅力。

Tips

2 Rachini Road, Phra Borommaharatchawang Sub-District, Phra Nakhon District, Bangkok 10200 乘Chao Phraya Express渡轮在Banglumpoo站下 2210174 ¥40泰铢

08 秋千寺

拥有巨大秋千的寺庙

秋千寺在曼谷的众多寺庙中，算是相当知名的一座，它虽然没有悠久的历史，也没有气势雄伟的殿堂，更没有奢侈华丽的大型佛像，但它却以独特的魅力在泰国众多的宗教景点中脱颖而出，吸引着来自世界各地的游客们的目光。这里的核心景点是位于庙门处的一个巨型秋千，两边的支架足有22米高，令人惊叹不已。寺庙还有巨型壁画可供人参观，它的内容取材于佛教典籍，是一处不可错过的景点。

Tips

146 Bamrung Muang Road Ratchabophit Sub-District, Phra Nakhon District, Bangkok 10200, Thailand 乘10、12、35、42路公共汽车在秋千寺下 02-2249845

09 湄南河

90分!

流经曼谷的泰国第一大河

★★★★ 赏

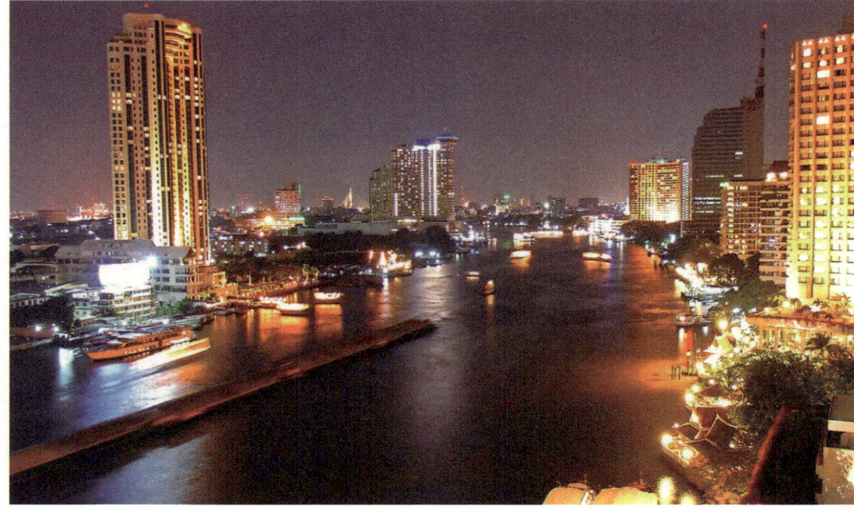

湄南河是泰国最大的河流，也是曼谷的生命之河，奔流不息的河水将这座城市分为东西两半。这条古老的河流至今仍发挥着重要作用，大小不一的船舶在水面穿梭来往，游人们也可以乘坐游船沿河欣赏曼谷的繁华风景，或是前往沿途的各个景点一探究竟。此外，尤其值得一提的是湄南河的水上市场，在这极富特色的商业区里永远是一派热闹，既是当地重要的水果、蔬菜交易市场，也是著名的手工艺品和旅游纪念品采购区。

Tips

流经曼谷市区 乘Chao Phraya Express渡轮即可

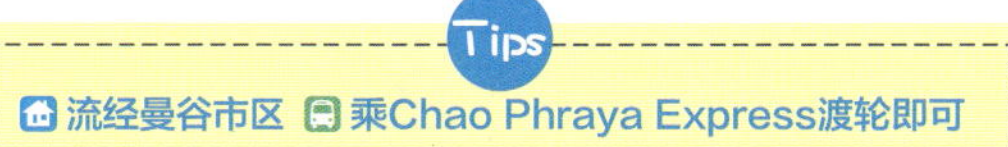

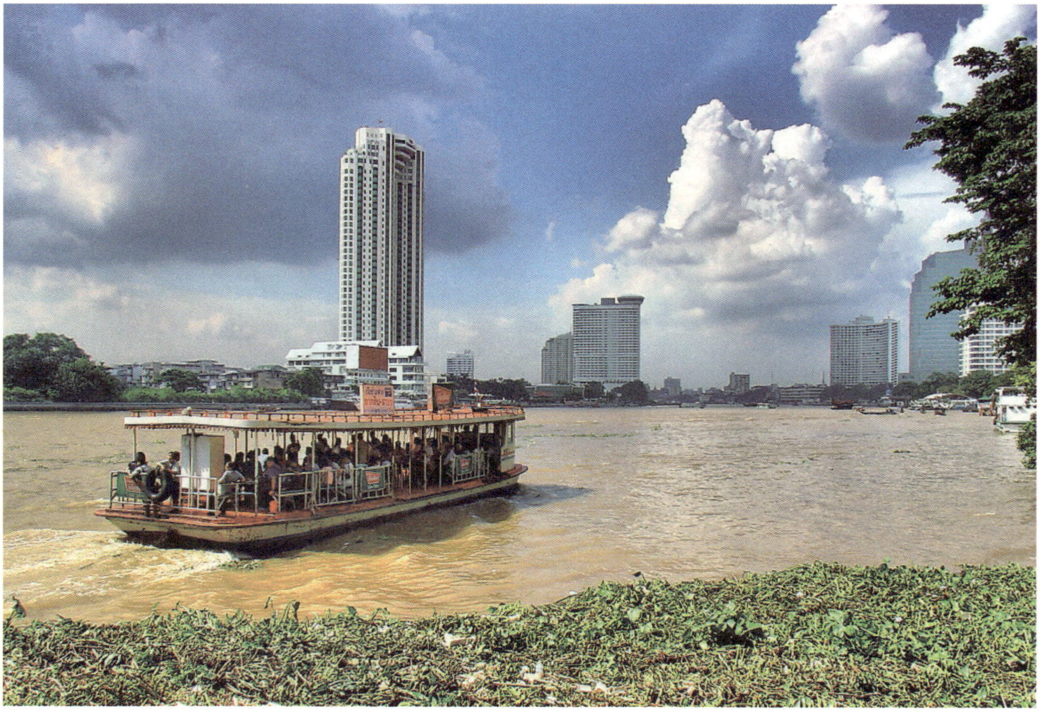

10 玛哈塔寺

泰国王室的陵墓区

建于19世纪的玛哈塔寺是泰国王室用于埋葬去世的王室成员的地方，因此在泰国人民的心目中有着很高的地位，经常有人来这里祈福祭拜。这里林木葱茏，环境清幽，漫步其间可以看到多位泰王的陵墓，并可通过一旁的碑文来了解他们拥有过的显赫历史。玛哈塔寺还经常举行一些重大的宗教仪式，届时会有很多信徒前来参加。此外，在玛哈塔寺内还拥有泰国历史最悠久的高等佛教教育机构——Mahachulalongkornrajavidyalaya University。

3Maharat Road Phraborommaharatchawang Sub-District 乘Chao Phraya Express渡轮在Tha Chang站下 02-2215999

泰国
攻略HOW

Part.2 曼谷考山路

在曼谷颇为知名的考山路沿街拥有大量廉价旅社、餐馆、酒吧和各种旅游纪念品商店，吸引了众多背包客光顾，甚至有人将其与巴黎的香榭丽舍大道和纽约的第五大道相媲美。

曼谷考山路 特别看点！

第1名！考山路！

100分！

★背包客们的天堂，繁华的商业街！

第2名！Santichaipakan河岸公园！

90分！

★湄南河的河岸风光，欣赏传统泰国舞蹈的表演！

第3名！民主纪念碑！

75分！

★纪念实行君主立宪的纪念碑，泰国民主政治的标志！

01 考山路 100分！

背包客们的天堂 ★★★★★ 逛

考山路在泰国赫赫有名，甚至有人将其和法国巴黎的香榭丽舍大街与美国纽约的第五大道相提并论。这里拥有很多廉价旅舍，同时还临近各个旅游景点，因此成为来自全球背包客们的聚集地。这些背包客们能在考山路上买到他们所需的各种东西，多如牛毛的商店销售各种旅游必备的用品和纪念品，是每个初来曼谷的人都不能错过的地方。

Tips

Khao San Road Bangkok 10700, Thailand 乘A2号公共汽车在Banglamphoo站下

必玩01 银饰批发店

各种精致的银制饰品

在考山路上有一处著名的银饰街，这里并排着数十家专门批发银饰的商店。这里陈列的银饰品种多样，造型丰富，让人眼花缭乱，而且做工都很精致，每一件都是出色的艺术品。除了银饰外，还能看到各种泰国传统的小饰品，因此这里也就成了很多爱美女性经常光顾的地方。

必玩02 Tuk Tuk Bar

用Tuk Tuk车改装而来的酒吧

Tuk Tuk车是泰国特有的一种交通工具，是每一个来泰国的人都必然会乘坐的。随着Tuk Tuk车数量的逐渐增多，于是人们就在Tuk Tuk车的用途上动脑筋。这处Tuk Tuk Bar就是用改装过的Tuk Tuk车建成的露天酒吧，原本很普通的Tuk Tuk车被打扮得光彩过人，在这里喝酒也是一种新奇的享受。

必玩03 Gallery&Museum

在传统风格的建筑内品尝咖啡

Gallery&Museum是考山路上一处颇具特色的地方，这里原本是一座泰式传统建筑，鹅黄色的外观显得非常优雅，但是里面则是现代化的西式餐厅，甚至在一楼还有一处星巴克咖啡馆。坐在这富有历史感的屋子里喝上一杯咖啡，很有一种时空颠倒的感觉。

必玩04 Sidewalk Cafe

少有的露天咖啡馆

Sidewalk Cafe是考山路上一家著名的露天咖啡馆，这里以提供正宗的英式下午茶而闻名，同时还有欧式的卡布奇诺和拿铁等咖啡。在体验了传统泰国风情的饭馆之后享受一下这纯正的欧式风情，也是一种特别的感受。

必玩05 Suzie Pub

时尚新潮的酒吧

Suzie Pub是位于考山路上的一家著名的酒吧，这里是泰国现代气息最浓郁的地方。每到夜晚，总能看到打扮入时的青年男女齐聚在此，或是纵情高歌，或是畅饮美酒，度过这内容丰富的夜生活。

02 民主纪念碑

纪念实行君主立宪的纪念碑 ★★★★ 赏

Thanon Ratchadamnoen Klang, Bowon Niwet, Phra Nakhon, Bangkok 10200 乘2、39、44、511、512路公共汽车在民主纪念碑下

曼谷市区的民主纪念碑是一座匠心独具的纪念碑，它的外形是一座堡垒，用于纪念结束君主专制的六月政变，同时也是泰国现代社会的见证者。这座纪念碑建成于1939年的6月24日，与政变的爆发之日相隔了整整七年。它构思巧妙，富有深刻的含义。四面各立一根形似机翼的长柱，环绕着正中的纪念碑，柱高24米，与纪念碑主体的距离也是24米，象征着政变爆发于24日。柱上的浮雕则是政变过程的记录。

纪念碑主体的四周曾摆放75门大炮，大炮摆放在3米高的炮台之上，意在纪念政变爆发于佛历二四七五年三月。如今这些大炮尚存6门，分别代表政变方銮披汶·颂堪政权的六大公开政策。在六面体的纪念碑碑身的每一面上，都刻绘着一柄宝剑，分别表示独立、安定、平等、自由、经济、教育六大政治纲领。整座纪念碑庄严肃穆，四周的附属建筑也是各有寓意。

03 帕拉苏门古碉堡

保存完好的古代碉堡 ★★★★

Tips

Phra Athit Road, Bangkok 10200 乘30、53路公共汽车在帕拉苏门古碉堡下

帕拉苏门古碉堡是泰王拉玛一世下令修建、曼谷地区保存最为完好的炮台之一，也是一个著名的旅游景点。这座炮台修建于18世纪末，迄今已有200多年的历史，其作用是保护曼谷老城区东部的安全并在战时封锁湄南河上的交通。从远处遥望帕拉苏门古碉堡，就犹如看到了一件精美的艺术品，白色的墙壁在阳光的照射下动人心魄。走近碉堡可以看到墙壁上的处处斑驳，这是岁月留下的痕迹。

这是一座典型的泰国古典防卫建筑，从基座到堡垒顶部既达到了军事上的各种要求，又被建造出令人惊叹的美感。帕拉苏门古碉堡的炮口处还保存有曾用过的几门古炮，这些历经风霜雪雨洗礼的卫士仍在坚守着自己的岗位，为了曼谷的和平生活贡献自己的力量。登上碉堡的顶端可以遥望湄南河的美好风景，将河面上那百舸争流、千帆并进的繁华景象尽收眼底。

04 Santichaipakan河岸公园

欣赏湄南河的河岸风光

Pra Athit Road, Bangkok 10200 乘30、53号公共汽车在Phra Athit站下

Santichaipakan河岸公园紧邻湄南河，在公园里有大片的草地，经常可以看到各方游客悠闲地坐在草地上，或是看书，或是欣赏美丽的湄南河风光，很有一种悠然自得的氛围。同时，公园里还会不时地组织游园会等活动，进行泰国传统舞蹈的表演，这些表演很对那些外来游客的胃口，因此这里总是客流不断，人来人往。

05 国家艺廊

展示泰国现代艺术作品

Thanon Chao Fa, Chana Songkhram, Phra Nakhon, Bangkok 10200 乘Chao Phraya Express渡轮在Banglumpoo站下 02-282-2639 ¥10泰铢

位于水门区的国家艺廊是曼谷著名的艺术展览中心，主要展出泰国知名艺术家创作的近现代艺术作品，是了解近现代泰国艺术成就的绝佳场所。这座艺术展览馆是一栋八层高的现代建筑，钢筋铁骨的它在古代建筑居多的曼谷市区显得别有特色。

这座博物馆除了传统的静态展览外，还有现在流行的各种影像展览，主要记录泰国当代戏剧的发展历程和精彩片段。在国家艺廊里可以看到泰国艺术家们的心血结晶：在摄影作品区能够看到摄影师们用镜头记录下的真实世界，既有大自然的壮丽风光，也有民间百姓的淳朴生活和王室的华贵生活景象；充满各种时尚元素的物品秉承了设计师的理念，展现了年轻人的活力与风采。除此之外，这座艺术殿堂中还有供各种大型会议与艺术表演使用的大礼堂、进行演说和小规模展览的多功能厅、功能齐全的会议室、藏书众多的图书馆以及商业区等设施。

泰国
攻略HOW

Part.3 曼谷中国城

华人聚居的中国城是曼谷最繁华的区域之一，人流熙攘的街巷内随处可见大型购物中心，历史悠久的寺庙古迹也往往在不经意间出现在游客面前，是一处集观光、购物、休闲多功能于一体的区域。

曼谷中国城 特别看点

第1名！
中国城！

100分！

★热闹喧嚣的商业区，漫步在古老的街巷！

第2名！
金佛寺！

90分！

★泰国最有价值的佛寺，纯金打造的巨佛像！

第3名！
柚木宫！

75分！

★由柚木建造的宫殿，感受王室的奢华！

01 中国城 100分！

热闹喧嚣的商业区 ★★★★ 逛

中国城是曼谷最为繁华的区域之一，那里店铺林立，人潮涌动，是一个集购物、休闲、旅游、观光等多功能于一体的综合性街区。四通八达的街巷里既有人声鼎沸的大型购物街，也有清静悠闲的古老小巷，许多景点就藏身于此，其中包括著名的金佛寺、芒堪寺等佛教寺庙。来到中国城的游人们可以购买到各种有趣的手工艺品和旅游纪念品，例如来自印度的熏香、造型精美的手工雕刻等。这里还有专门的美食街，各种美食的香味令人垂涎三尺。

Tips

Rong Mueang, Pathum Wan, Bangkok 10330, Thailand  乘地铁在Hua Lamphong站下

02 林真香

曼谷的名品之一

林真香是一家营业有半个多世纪历史的老字号店铺，以出售各种风味小吃而出名。这里店铺里的猪肉干、鱿鱼片、肉松等食品很受当地人的欢迎，也经常有外地游客慕名前来一尝美味，等待购物的人们会在店铺外排起长龙。林真香的果品也颇受好评，它家腰果干口感酥脆，水果干则很好地保留了水果的原味。

Tips

390 Yawarat Road Bangkok, 10400 乘Chao Phraya Express渡轮在Ratchawong Piern站下 02-2245296

03 贼仔市场

曼谷淘宝的好地方

贼仔市场是曼谷最有名气的特色市场，是一个著名的淘宝胜地。这个市场主要是出售各种二手物品的地方，包括品相很好的IT商品，也有充满古色古香感觉的古董，各种金器、银器、玉器也是应有尽有，让人目不暇接，难以挑选。前来此处购物的人们，得用一双火眼金睛来辨识自己所需要的物品。贼仔市场上鱼龙混杂，来到这里购物的游客们需要谨慎小心。

Yawarat Road 乘Chao Phraya Express渡轮在Ratchawong Piern站下

04 三盘线商店街

●●● 黄金饰品淘宝街 ★★★★ 逛

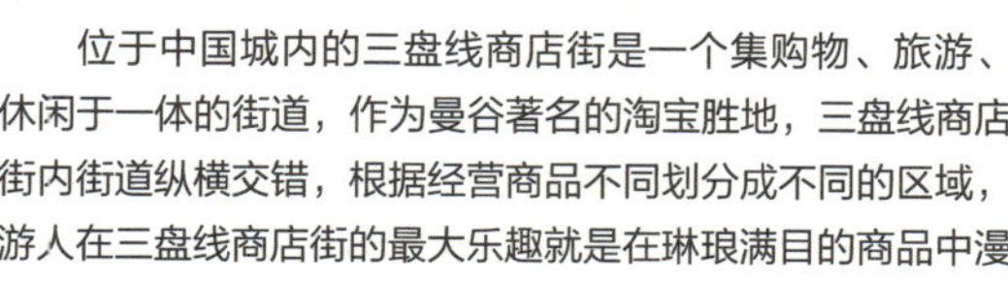

位于中国城内的三盘线商店街是一个集购物、旅游、休闲于一体的街道，作为曼谷著名的淘宝胜地，三盘线商店街内街道纵横交错，根据经营商品不同划分成不同的区域，游人在三盘线商店街的最大乐趣就是在琳琅满目的商品中漫步，尽情享受淘宝购物的乐趣。值得一提的是，除了古董、文具、旅游纪念品等商品外，三盘线商店街最受游人欢迎的就是各种做工精巧的黄金饰品，但由于泰国黄金的计量方法与国际不一样，而且街上店家也是鱼龙混杂，游人最好谨慎选择有信誉的大店购买。

Tips

Yawarat Road 乘Chao Phraya Express渡轮在Ratchawong Piern站下

05 中国大酒店

●●● 历史悠久的高档酒店 ★★★★ 住

中国大酒店是曼谷著名的高档酒店之一，它位于市中心，周围景点众多，住宿条件优越。这家酒店拥有70多年的历史，曾接待过无数名流，虽然现在的设施稍显落后，但是服务周到，价格也不贵，因此很受欢迎。中国大酒店拥有高层观景房，在那里可以俯瞰曼谷的城市风光，将诸多美景尽收眼底。这里的酒吧、餐厅提供各种风味美食，无论是来自哪个地方的游客，都会品尝到适合自己口味的佳肴。

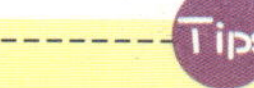

Tips

526 Yaowaraj Road Sampantwong, Bangkok 10100 乘Chao Phraya Express渡轮在Ratchawong Piern站下 02-2250204

06 金佛寺 90分!

●●● 泰国最有价值的佛寺 ★★★★ 赏

金佛寺是泰国著名的旅游景点，它是以寺内一尊巨大的纯金佛像而出名的，被戏称为泰国最值钱的佛寺。这座寺庙的造型简朴大方，并秉承中国宗教建筑的传统风格，没有那些令人眼花缭乱的殿内各种装饰。巨大的金佛就位于大殿的中央，它的高度接近4米，佛像采用传统的泰式造型，身体纤细瘦长，脸部的表情庄严肃穆，令人心怀敬仰之情。

Talat Noi, Samphanthawong, Bangkok 10100 乘BTS至Saphan Taksin站下 02-6599000

07 英塔威韩寺

●●● 供奉佛祖舍利子的寺庙 ★★★★ 赏

Wisut Kasat Road 114, Banglamphu, Bangkok 乘3、6、9、30、65路公共汽车在英塔威韩寺站下 02-6285500

英塔威韩寺是泰国著名的民间寺庙之一，因为这里拥有从斯里兰卡请来的佛祖释迦牟尼的舍利子，被当做是镇寺之宝供奉着，同时运来的还有一座造型精美的佛像。这里的巨大立佛也是大名鼎鼎的景观，它高达32米，通体金黄，在阳光的照耀下绚丽无比。寺院里林木葱茏，环境清幽，有一种空灵的气息弥漫其间，是人们洗涤心灵、抛却各种压力烦扰的好地方。

08 曼谷中央火车站

人流涌动的大型火车站

行

曼谷中央火车站是曼谷的交通枢纽，也是曼谷最大的火车站。这座火车站是座欧洲风格的建筑，巨大的圆顶是其最醒目的标志。火车站内简朴大方，没有多余的装饰物，川流不息的人群在这里汇聚后又各奔东西。这座火车站内没有候车室，更没有长长的天桥、地道，旅客们可以直接来到月台等候火车，这让习惯穿越重重关卡的中国游客颇感新奇。

泰国火车站的一大特点就是拥有自己的浴池，这让生活在炎热地区又要东奔西走的人们获得了清洁身体、放松神经的机会。曼谷中央火车站自然也不例外，该站的浴室与卫生间连在一起，一些初来乍到的游客往往过其门而不知。火车站内还有各种风味小吃出售，价格与站外相差不大，味道也还行。此外站内还有咖啡厅、书店、甜品店等处可以消磨等车的时间，车站每一边的楼梯拐角则是存包处。

Talat Noi, Samphanthawong, Bangkok 10100 乘BTS至Saphan Taksin站下 02-6599000

09 拉玛一世桥

●●● 湄南河上的第一座现代化桥梁　★★★★ 赏

拉玛一世桥是一座开启式桥梁，它的造型优美，钢筋铁骨的身躯连接了湄南河的两岸。这座桥梁曾是曼谷的第一大桥，双向四车道的路面上无数车辆在来回往返。现在的拉玛一世桥还是一处著名的旅游景点，每天都会有来自世界各地的游客在此拍照留念，奔流不息的河流、鳞次栉比的摩天大厦、气势宏伟的郑王庙都是很好的背景画面。

Talat Noi, Samphanthawong, Bangkok 10100 乘BTS至Saphan Taksin站下 02-6599000

10 金山寺

●●● 历史悠久的寺庙　★★★★ 赏

金山寺建于19世纪初，它位于金山的顶部，其山麓到塔尖的高度为63米，一度曾是曼谷的制高点。游人们在这里可以俯瞰曼谷的诸多美景，还能从另外一个角度欣赏摩天大楼的壮丽之处。金山寺内的核心景点是一座巨大的铜质坐佛，它也是同类佛像中最大的一座。佛像的造型精美，表情庄严肃穆，总有信徒在此跪拜祈福。每年11月的水灯节是泰国最为盛大的民俗节日之一，届时会有无数信徒聚集于此前来参拜佛祖舍利子。

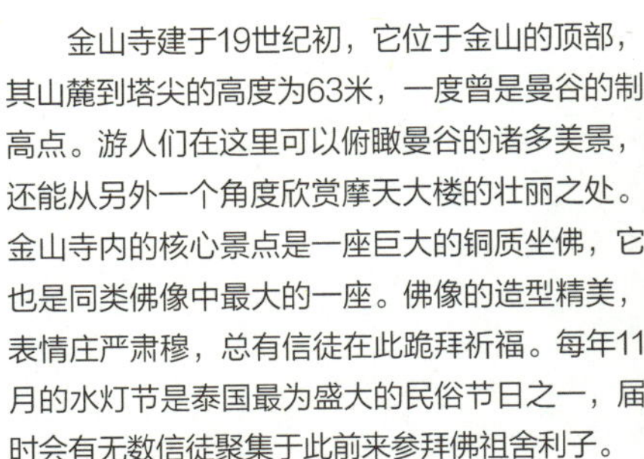

Soi Borommabanphot, Ban Bat, Pom Prap Sattru Phai, Bangkok 10100 乘15、37、47、49路公共汽车到金山寺站下 02-6210576 ¥10泰铢

11 大理石寺

20世纪所建的泰国王室御用寺庙 ★★★★ 赏

Thanon Si Ayutthaya, Dusit, Bangkok 10300 乘72、503路公共汽车在大理石寺下 02-2827413 ¥20泰铢

建成于20世纪初的大理石寺是泰国王室寺庙中历史最短的一个，它有着与众不同的风采。这座寺庙的造型一改泰式寺庙以各式尖塔为主体的传统风格，借鉴中国江南园林的建筑特色，那些优雅的亭台楼榭和小桥流水，令人有耳目一新的感觉。大理石寺的独特之处还在于，它的全部建筑材料都用的是意大利出产的大理石，色泽鲜艳，砌筑出来的殿堂典雅大方，与顶部中式琉璃瓦相得益彰。寺庙殿堂内部装饰精美，不愧是华丽的王家寺庙。

12 泰国旧国会大厦

欧式风格的大型博物馆 ★★★★ 赏

泰国旧国会大厦原本是泰国王室的一处宫殿，后来在1932年立宪革命后被改辟为国会大厦，现在则是一处展品众多的博物馆。这个展馆的主体风格是欧洲文艺复兴式，又有哥特式的建筑特色在其间，气势雄伟，不愧是曼谷的标志性建筑之一。走近博物馆首先看到的是拉玛七世的骑马像，来到馆内则能看到各种珍贵的物品，其中包括金丝编制的帆船模型、宝石镶嵌的床榻和金银器皿等宝物，那幅巨大的拉玛五世像被誉为这里的镇馆之宝。

Dusit, Bangkok 10300 乘18、515路公共汽车在旧国会大厦站下 02-2839411

13 杜喜动物园

泰国最好的动物园之一 ★★★★ 玩

杜喜动物园是曼谷著名的旅游景区，共有1600余种动植物展现在人们面前，是亲子旅游的最佳场所之一。这座动物园内最为珍稀的动物是罕见的白老虎，这种气势威武的勇猛生物，会令路过的游客驻足观看。杜喜动物园内另一大罕见生物是巨大的科莫多巨蜥，它的身形酷似早已消逝了的恐龙。园区内林木葱茏，许多游人泛舟于湖上，多种性情温和的野生动物在欢快地奔跑，它们并不惧怕与人类接触。

Ratwithi Road　乘10、18、28号公共汽车可到　02-2812000　30泰铢

14 阿比塞克都实觐见厅

泰国第一座博物馆

★★★★ 赏

阿比塞克都实觐见厅毗邻杜喜动物园，是一幢外观华美、红瓦白墙的欧式宫殿建筑，这座拥有无数华美艺术品装饰的宫殿最初是泰王拉玛五世修建用来招待外宾、举行国宴的场所，1992年泰王拉玛九世下令将其辟为博物馆对公众开放，令广大百姓和游客也可近距离了解泰国王室当年逐渐西化的演变过程，亲身感受奢华的王室风范。

Dusit District，Th U-Thong Nai 乘503、510路公共汽车可到 02-6286300 ¥70泰铢

15 柚木宫

75分!

由柚木建造的宫殿

★★★★ 赏

柚木宫建造于著名的拉玛五世时代，这种全木建筑在当时是较为少见的，而且没有使用一根铁钉，在建筑物业内很有名气。这座宫殿原本是拉玛五世行宫的一部分，后来被改造成为一个王室博物馆，供游人参观。柚木宫的造型精美，主体建筑是欧式风格，里面收藏着许多珍贵的物品，其中包括历代泰王的图片和文字资料，也有他们曾经用过的各种物品。游客还能看到物品按原样摆放的拉玛五世的卧房。

Tips

Rajavithi Road，Dusit Bangkok 乘503、510号公共汽车可到 02-6286300 ¥100泰铢

泰国
攻略HOW

Part.4 曼谷暹罗典范购物中心

以暹罗典范购物中心为核心的暹罗区与帕杜南区是曼谷最繁华的商业区，人流熙攘的商业街上高档购物中心林立，此外还有大量餐厅和高级饭店。

曼谷暹罗典范购物中心特别看点

第1名！暹罗典范购物中心！

★东南亚最大的购物中心，东南亚时尚潮流引导者！

第2名！四面佛！

★泰国香火最旺盛的佛像，灵验的佛像！

第3名！水门市场！

★曼谷最大的批发中心，曼谷的淘宝地！

01 暹罗典范购物中心 100分！

东南亚最大的购物中心 ★★★★ 买

暹罗典范购物中心号称是东南亚地区最大的购物中心，这里共有250多家大小商店，出售涵括了人们衣食住行各个方面的货品，如果想要逛遍这里恐怕需要好几天的时间。作为曼谷全新的娱乐休闲地标，暹罗典范购物中心除了广阔的卖场外，还有水族馆、电影院、SPA馆、大型展览中心等各种娱乐设施，将购物和娱乐休闲有机地结合在一起，被誉为东南亚时尚潮流的引领者。

Tips

991 Siam Paragon Shopping Center,Rama 1 Road，Pathumwan,Bangkok  乘BTS Silom席隆线在Siam站下 ☎ 02-6108000

必玩01 暹罗海洋世界

亚洲最大的水族馆

暹罗海洋世界是全亚洲最大的水族馆，可以同时容纳2万人参观，这里饲养了400多种超过3万只海洋生物，除了可以和生物们做零距离接触之外，还有鲨鱼喂食表演和接触海星等妙趣横生的活动，让人大开眼界。

必玩02 Another Hound

泰国传统美食和西式餐点的结合

Another Hound是一家位于暹罗典范购物中心二楼的饭店，这里将泰国传统饭菜和西式餐点结合起来，创造出适合世界所有地方人们口味的新品泰国料理。除了菜肴美味外，这里的用餐环境也很不错，是人们在典范购物中心用餐的首选地点。

必玩03 Exotique Thai&Cultural泰国风精品区

各种泰国本土特产品

泰国风精品区就位于典范购物中心五楼，这里出售的货品都是泰国本土生产的，包括服装、日用品、各种特产品等，尤其是一些用咸水草制成的家居用品更是别致罕见，十分适合那些喜爱泰国传统风格的人士。

02 Erawan Bangkok百货公司

地理位置优越的百货公司 ★★★★

Erawan Bangkok百货公司位于四面佛附近，它的周围就是繁华的商业圈，地理位置极为优越。一般前往参拜四面佛的游客都会进这座百货公司逛逛。这家百货公司共有4层楼，每一层都销售不同门类的货物，适合有各种需要的人。在百货公司的地下一层还有一条美食街，这里有来自中国、日本、印度、东南亚各国和欧洲各国的特色美食，还有咖啡馆等休闲场所。此外这里还和一旁的Erawan酒店相连，使得无论是购物还是住宿、娱乐休闲等都十分方便。

Tips

494 Ploenchit Road,Bangkok 乘BTS Silom席隆线在Siam站下 02-2507777

必玩01 Urban Kitchen

品尝来自世界各地的美味

Urban Kitchen位于Erawan Bangkok百货公司的地下一层，是一条颇具规模的美食街。在这里可以看到来自中国、日本、东南亚国家的各色美食，还有来自意大利、法国等欧洲国家的大餐，无论客人喜好什么口味，来这里都能找到适合的店家。

必玩02 The Bodhi

现代的健康按摩中心

The Bodhi是位于Erawan Bangkok百货公司内的一家健康中心，Bodhi就是“菩提”的意思，颇具佛教色彩。这里的健康按摩形式多种多样，使用各种高精尖技术为客人提供服务，吸引了无数想要瘦身健康的年轻男女。

03 暹罗购物中心

泰国老牌购物商场 ★★★★ 买

暹罗购物中心是泰国老牌购物商场之一，至今已经有30多年历史，可以说是泰国第一家具有国际水准的大型卖场。这家购物中心邻近地铁站，交通便利，4层的购物空间里拥有300多家大大小小的店铺。经过近年来的一系列翻新，这家老店重新又焕发了生机，在购物之外还引入了甜品店、按摩店等新概念的商铺，同时还有提供泰国饭菜和日本料理等多国美食的食肆。正是因为不断地与时俱进，所以在典范购物中心等新兴卖场的冲击下，这里依然能保持稳定的客源。

Tips

989 Siam Tower,Rama 1 Road，Pathumwan,Bangkok 乘BTS Silom席隆线在Siam站下 02-6581000

04 四面佛 90分!

泰国香火最旺盛的佛像 ★★★★ 赏

四面佛是曼谷市中心一大著名的观光景点。这座神像位于伊拉旺神祠之中，像高4米，在东南西北四个方向各有一张面孔，代表着人类喜怒哀乐四种感情。这座神像曾在2006年被毁坏，后来经过修复，重新施以金身，以崭新的形态和人们见面。这里香火极为旺盛，四周放满了各种香烛与鲜花。人们来到这里祭拜是需要一定的仪式的，需要购买一套专门的祭品才行。每到11月9日四面佛生日这一天，更是有世界各地的名人前来祭拜，还能见到身着传统服装的少女们翩翩起舞。

Tips

Ratchadamri Road / Ratchaprasong Road, Bangkok 乘BTS1在Chit Lom站下 02-2528754

05 中央百货公司

曼谷的现代化象征

Tips

1027 Ploenchit Road Bangkok　乘BTS在Chit Lom站下　02-7937000

中央百货公司位于曼谷市中心，占地超过80万平方米，是泰国最大的连锁百货零售企业，由于这里空间广阔，四通八达，因此当地人笑称这里即使是曼谷人照样会迷路。整个中央百货公司共分做6个部分，包括500多家店铺，其中有各个世界知名品牌的精品区，有21家电影院的娱乐区和大型的办公商务用地。甚至在商场内还有一条高十数米的人工瀑布，令人叹为观止。这里服务齐全，设施先进，可以购物、娱乐、办公，一到晚上，多彩的灯光将这里打扮得靓丽无比，是曼谷现代化大都市的象征。

06 暹罗探索购物商场

泰国时尚的领路人

买 ★★★★

暹罗探索购物商场是曼谷第一批现代化的大型购物中心之一，自建成起一直走在曼谷时尚界的前列，深得泰国时尚青年们的喜爱。这里既有大家耳熟能详的世界知名品牌，还有很多比较少见的欧洲传统品牌的商品，更有不少泰国知名品牌设计师所设计的新品，让人能体验到完全不同的风格。除了时装外，在这里还有各种流行家居饰品、音频及家庭娱乐和数码产品，是追求现代化的年轻人的最爱。如果逛商场觉得累了的话，还能前往商场顶楼的影院看上一场电影，这也是一种很好的休闲方式。

Tips

989 Siam Tower,Rama 1Road，Pathumwan,Bangkok　乘BTS Silom席隆线在Siam站下　02-6581000

07 Baiyoke Sky Hotel

●●● 曼谷最高的建筑

★★★★

Baiyoke Sky Hotel是曼谷最高大的建筑，楼高88层，在市中心拔地而起，无论身处曼谷任何地方，都能一眼就看到这里。在大楼顶端有一个屋顶旋转大厅，可以360度俯瞰曼谷市景。这座饭店位居曼谷最繁华的街区，交通十分方便，周围也是一片十分热闹的商业区，住在这里的人可以很便利地前往各个旅游景点。同时这座酒店设施也很齐备，除了客房外还有很多娱乐设施，吃喝玩乐应有尽有。每到晚上，大楼都会被漂亮的灯光染上各种色彩，如果遇到节假日还会有特别的文字出现。

Tips

222 Rajprarop Road Rajthevee,Bangkok 乘BTS在Siam站下 02-6563000

08 Suan Pakkard Palace

●●● 精美的木制建筑

★★★★

Suan Pakkard Palace是一座传统的泰国木制房屋群落，共有8座建筑。是泰王拉玛五世的儿子琼泼托亲王夫妇所建的，专门用来迎接外来贵宾。这座宫殿通体是由高级柚木搭建而成，坐落在茂密的树林之中，四周环境很是幽静。如今这里已经是一家博物馆，陈列着亲王夫妇的很多收藏品，其中绘制于宫殿内墙上的壁画最为著名，这幅壁画以《罗摩衍那》与释迦牟尼的生平等故事为主，很具艺术价值。除此之外，各种精美的艺术品也是人们瞩目的对象。

Tips

Si Ayutthaya Road 乘BTS在Phayathai站下 ¥100泰铢

09 Gaysorn Plaza

位于市中心的豪华购物中心

买 ★★★★

Gaysorn Plaza是曼谷市中心一家豪华高档购物中心，总营业面积超过12000多平方米，包括路易·威登、古奇、纪梵希等数十家世界知名的品牌商店在这里营业。这座商场共有5层，一层专门经营各种品牌产品，是追求时尚和新潮的人们不会错过的宝地。二层主要出售手表、首饰等奢侈品，还有不少泰国本土的优秀产品。三层是一处艺术品的宝库，各种令人眼花缭乱的艺术品摆满了货架，都是泰国名家的手笔。而四、五层则是珠宝商与各种娱乐设施的天下，让人在购物之余还能享受别样的乐趣。

Tips

1999 Ploenchit Road Lumpini Pathumwan Bangkok 乘BTS在Chit Lom站下 02-6561013

必玩01 海鲜美食街

展现泰国的海鲜特色

海鲜是泰国最具特色的美食，拥有很多种料理的方法。在Gaysorn Plaza就有这么一条海鲜美食街，密密麻麻并排着很多海鲜食肆，这里的海鲜原料相当新鲜，处理手法也很具泰国传统，能做出泰国经典风味的海鲜美食，这让很多外国游客趋之若鹜。

必玩02 MK火锅专门店

泰国最大的火锅连锁店

MK火锅专门店是泰国最有名的火锅店，这里的泰式火锅味道可口，价格公道，因此非常受广大泰国人的欢迎，几乎在曼谷各大商场都有它的分店。Gaysorn Plaza的这家MK火锅店位于顶楼，是人们购物之余很好的消闲休憩的场所，因此总是人满为患。

10 MBK Shopping Mall&Tokyu Department Store

曼谷著名的平价商店和日本品牌的集散地

★★★★ 买

MBK Shopping Mall是曼谷最著名的平价商场，至今已经有30多年的历史了，曾经是亚洲最大的购物中心，在高达8层的购物中心里聚集了超过2500家大小商铺，这些商铺经营的大多都是一些物美价廉的本土商品，是普通民众都可以愉快购物的地方。一旁的Tokyu Department Store则是一家专门出售日式货品的地方，这是一家来自日本的大型连锁零售企业，提供最新潮的各色日本产品，是哈日一族的圣地，可以让人无需远赴日本就能买到自己所需的物品。

Tips

444 Phayathai Road,Wangmai,Patumwan,Bangkok 乘BTS在National Stadium站下 02-6209000

必玩01 MBK美食街

曼谷著名的美食天堂

MBK美食街在曼谷是非常有名的，汇集了来自泰国各地和周边国家的各种传统美食，风味十分正宗。这里的食肆都是使用统一的条码卡付账的，只要买上一张卡就可以走遍整条街，这里的菜肴大多价位不高，每个人都可以敞开肚子吃个痛快。

必玩02 Pathumwan Princess MBK Center

设施完备的大型酒店

Pathumwan Princess MBK Center是一家位于MBK购物中心附近的高级酒店，这里集时尚的装潢和泰式传统风情于一身，酒店在拥有大量设施先进的客房的同时还有5个餐饮场所、1个室外游泳池和1个网球场，能给每一位客人宾至如归的感觉。

11 Central World Plaza

东南亚最大的商场之一

买 ★★★★

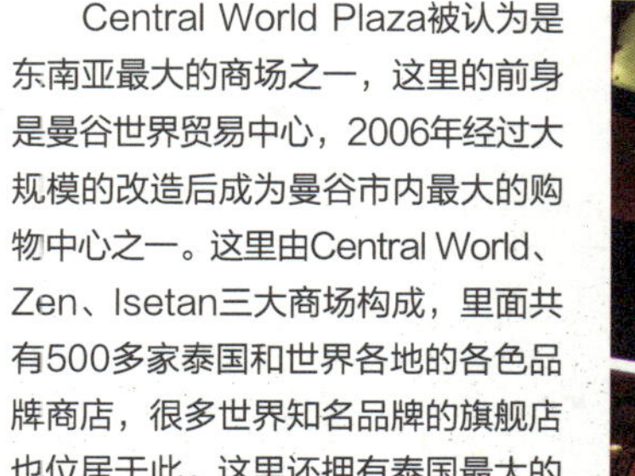

Central World Plaza被认为是东南亚最大的商场之一，这里的前身是曼谷世界贸易中心，2006年经过大规模的改造后成为曼谷市内最大的购物中心之一。这里由Central World、Zen、Isetan三大商场构成，里面共有500多家泰国和世界各地的各色品牌商店，很多世界知名品牌的旗舰店也位居于此。这里还拥有泰国最大的体育用品商店Super Sports，一道长30米的鞋墙是最大的看点。此外，在这家商场里还包含了IT产品店、书店、家具店、玩具店等，货物琳琅满目，让人眼花缭乱。

Tips

4 Ratchadamri Road Pathumwan Bangkok 乘BTS在Chit Lom站下 02-2229855

12 金·汤普森泰丝博物馆

展示精美的泰丝工艺

赏 ★★★★

Tips

6 soi Kasemsan 2,Rama 1 Road Bangkok 乘BTS在National Stadium站下 02-2167368 ¥100泰铢

泰丝是如今泰国民间手工业的支柱产业之一，精美的泰丝远销世界各地，口碑极佳。而在以前泰丝则是不为人知，直到一位美国人金·汤普森来到这里以后才有所改观。人们为了纪念这位振兴泰丝行业的人，将他的居所改建成为了泰丝博物馆。在博物馆里基本保持了汤普森当时居住时的状态，其中有不少他专门收藏的泰丝工艺品，足见他对这项民间工艺的喜爱。此外，这里还陈列有包括瓷器、家居饰品等在内的其他工艺品，大多十分精美别致，很富艺术价值。

13 曼谷艺术文化中心

●●● 展示泰国的现代艺术

★★★★ 

建成于2007年的曼谷艺术文化中心位于曼谷最繁华的商业区附近，这里主要致力于展示视觉艺术作品以及其他形式的艺术品，同时也包括很多泰国本土的艺术作品，显示出对泰国现代艺术的关注。曼谷艺术文化中心时常会举办各种主题的展览，包括摄影、设计、时尚、戏剧等各个方面。另外，在这里还建有大礼堂、多功能厅、会议室、图书馆以及商业区等设施，可以进行商务会议等各种活动，功能十分完备。

Tips

939 Rama1 Road,Wangmai
乘BTS在National Stadium站下 02-2146630-1

14 水门市场 75分!

●●● 曼谷最大的批发中心

★★★★ 

水门市场是曼谷市内最大的批发中心，泰国很多店家的货物都来自于这里。走进水门市场，大大小小的批发商店鳞次栉比，其中尤以服装和生活用品最多。在这里如果能一下子购买3件或6件以上，是会获得批发价的优惠的，因此很多人成群结队而来，就是为了享受这里的便宜价格。这里的商品不但价格便宜，而且质量也不错，无论是款式还是颜色都颇为新潮，一点都没有想象中批发中心那种鱼龙混杂的感觉。如果逛店逛累了的话，5层的美食街是最好的去处，在这里可以品尝到正宗的泰国小点心。

Tips

North West Corner of Petchaburi Road,and Ratchaprarop Road
乘BTS在Siam站下

泰国攻略HOW

Part.5 曼谷苏坤蔚路

苏坤蔚路是泰国的重要交通干道之一，沿街两侧分布着无数酒店、咖啡馆、商店等装饰充满欧洲风情的店家，是曼谷时尚和新潮的标志。

曼谷苏坤蔚路 特别看点

第1名！苏坤蔚路

100分！

★曼谷流行趋势的先锋，时尚潮流的标志！

第2名！Benchasiri公园！

90分！

★优雅娴静的公园，为纪念泰国王后而建！

第3名！Benjakitti公园

75分！

★位于曼谷市中心的市区公园，是市民、游人休闲放松的绝佳场所。

01 Penny's Balcony

面向主妇和年轻女性的商场

Tips

Thonglo 16 Sukhumvit 55,Bangkok 乘BTS在Thong Lo站下

Penny's Balcony是位于Sukhumvit区的一座大型综合商场，这座建筑周围种了很多绿色植物，使得整个商场掩映在绿荫之中，即使是再热的天也能感到一丝阴凉。这家商场有很多小店，这些店铺主要面向主妇，出售的商品也大多都是日常用品，还有很多女孩子们喜欢的小装饰品等，经常能看到不少年轻女孩在这里挑选心仪的物品。

02 苏坤蔚路

曼谷流行趋势的先锋 ★★★★

Tips

Sukhumvit Road 乘BTS在Thong Lo站下

苏坤蔚路也称泰国三号公路，由曼谷向东南方向延伸，是泰国的重要交通干道之一。而位于曼谷市内的苏坤蔚路段则是时尚和新潮的代名词，在这条大道两侧分布着无数酒店、咖啡馆、商店等。其中很多商店都是欧式装潢，能让人感受到一种西方现代化的风情。此外大街之外还分出不少小巷子，几乎每条小巷里都有各自独特的氛围，好像一个个宝库一样等待客人们的发掘。

必玩 Emporium Shopping Mall

物美价廉的大型超市

位于苏坤蔚路上的Emporium Shopping Mall集合了各式各样的商店，在这里能买到任何需要的东西，可以说是包罗万象。难能可贵的是，这里的商品大多价格适中，适合每一个前来购物的人。

03 Benchasiri公园

●●● 优雅娴静的公园

★★★★ 玩

Benchasiri公园又称诗丽吉王后公园，是为了纪念泰国王后诗丽吉的60岁生日而建的。这座公园也位于苏坤蔚路上，四周被高楼大厦所围绕，这些现代建筑在绿树的掩映之下，别有一番情趣。相对于曼谷市中心的那些公园热闹的场面，Benchasiri公园就显得较为冷清，但是这种幽静闲适的氛围让人觉得很舒服，漫步在绿荫之中，和小松鼠等动物嬉戏玩耍一番，真是一种享受。

Tips
乘BTS在Phrom Phong站下

04 建兴酒家

●●● 老字号海鲜饭店

★★★★

建兴酒家是泰国老字号的海鲜饭店，在曼谷可以说达到了老少皆知的地步。这里的海鲜菜肴都是采用最新鲜的海鲜作为原料，经过店里的大厨精心烹调而成的，不仅味道鲜美，而且价钱实惠，因此树立了极好的口碑。尤其是其中的咖喱螃蟹，更是每一位客人必点的名菜，这道菜集中了咖喱的辣味和螃蟹的鲜味，非常好吃。

Tips
169 Surawong Road.,Bangkok,10500 乘MRT在Huay Kwang站下 02-6926850

05 诗丽吉国际会议中心

以王后名字命名的会议中心

Queen Sirikit International Convention Center位于苏坤蔚路上，这里是以泰国王后诗丽吉的名字命名的一处国家会议中心。它占地面积35000多平方米，虽然不是很大，但是清一色的泰国传统风格使得这里更为泰国人所喜爱。由于会议中心位于交通便利的曼谷市内，因此成为了商贸展览的首选地，同时这里也能举办歌舞表演等大型活动。

60 New Rachadapisek Road,Klongtoey,Bangkok　乘BTS在诗丽吉国际会议中心站下　02-2293000

06 Benjakitti公园

75分!

感受曼谷的自然气息

Benjakitti 公园是一个位于曼谷市中心的市区公园，它的旁边就是著名的诗丽吉国际会议中心，是市民、游人休闲放松的绝佳场所。这里有着绿色草坪、多彩花坛，大小不一的树木中掩映着碧波荡漾的人工湖，那里不但倒映着蓝天白云，还有四周高楼大厦的身姿。每到节假日的时候，Benjakitti 公园就会举行丰富多彩的活动，不但有大型的游园会，也有令人热血沸腾的室外演唱会，各种时装展览则吸引了追求时尚的年轻人的目光，最多时会有十多万观众汇集于此。

乘BTS在Queen Sirikit National Cobvention Center站下

07 Sukhumvit House Number 1

精美的泰国宫廷佳肴

★★★★ 

Sukhumvit House Number 1是曼谷市内一家著名的餐厅，餐厅所在的房屋建于1900年，曾是泰王拉玛五世的行宫。餐厅以独特的王室佳肴而闻名，主打菜品是多道20世纪早期泰国王室所常用的菜肴，风味独特，令人赞不绝口。来到Sukhumvit House Number 1可以看到传统的泰式建筑，享受过去只有王室贵族才能得到的豪华招待，这种独特的体验在别处是难以获得的。饭店的食物都是精心烹制而成，无论是前菜、沙拉，还是甜点、主菜，都有着独特的泰国风味。Sukhumvit House Number 1只用了前行宫的第一层，因此座位有限，但食客众多，来这里进餐的人们往往都需要提前预订。

Tips

1 Soi Sukumvit Sukumvit Rd. Klongtoey, Nana, Bangkok 乘MRT在Asok站下 02-6533900

08 Mrs. Balbir's Restaurant

正宗的印度家常菜

★★★★ 

在曼谷如果想要吃到最正宗的印度家常菜，人们一定都会推荐这家Mrs. Balbir’s Restaurant，它的店主Mrs. Balbir是一位旅居泰国多年的印度人，经营印度菜多年，在曼谷当地也是一位非常有名的美食家。她将味道刺激辛辣的印度菜和口味偏酸的泰国菜很好地融合在一起，创造出独特的口味。这里的招牌菜有添加了多种香料而香酥可口的香料烤鸡和辣而不呛的燉羊肉玛沙拉等，是曼谷最具人气的印度菜餐馆。

Tips

155/18 Sukhumvit Soi 11 Klongtoey,Nua Wattana,Bangkok 乘BTS在Nana站下 02-6510498

09 J Avenue 买

颇具日本风情的休闲商场 ★★★★

15 Phayathai Road 乘BTS在Thong Lo站下 02-2450039

J Avenue是Thong Lo区最具人气的休闲商场之一，这座商场共分4层，专门出售一些家庭日常用品。这里具有浓重的日本风情，是居住在曼谷的日本侨民们最喜欢的地方。在J Avenue地下有一个大型的食材市场，经营来自日本和欧洲的食材。在商场3楼有一个宠物商店，除了出售宠物所需的各种产品外，还有不少可爱的周边产品，是爱猫爱狗人士的交流胜地。

10 Siam Niramit 娱

缤纷多彩的剧场 ★★★★

Siam Niramit是泰国最富盛名的剧场之一。它位于泰国市中心地带，交通便利，可以容纳2000多名观众，设施和音响效果都是一流的。尤其是它的舞台，高12米，宽65米，是世界上最大的舞台之一。这里的演出也颇为震撼人，通过各种光声电效果和华美的泰国传统服装讲述了泰国各个王朝的兴衰历史，让人们在感叹场面精彩的同时还能了解泰国深厚的历史。

Tips

19 Tiamruammit Road, Huaykwang, Bangkok 10320 乘MRT在Huai Khwang站下 02-6499222

泰国
攻略HOW

Part.6 曼谷其他

曼谷其他 特别看点！

第1名！
扎都甲周末市集！

100分！

★世界上最大的市集，繁忙热闹的购物盛况！

第2名！
丹能莎朵水上市场！

90分！

★东南亚特色的水上市场！

第3名！
桑仑夜市！

75分！

★曼谷最大的夜市，游客观光和购买纪念品的好地方！

01 帕蓬夜市

历史悠久的夜市

★★★★★ 逛

帕蓬夜市是泰国历史较为悠久的夜市之一，位于帕蓬路上，又分作一街、二街。每到傍晚，这里就热闹起来，来自各方的小贩开始忙碌。他们或是吆喝叫卖，或是埋头做菜，各忙各的事情。这里主要出售各种廉价小商品和旅游纪念品，还有不少经营泰国传统小吃的排挡，游人们能在这里体会到泰国最朴实的平民生活。如果善于讲价的话，肯定会在这夜市上淘到不少宝贝。

02 桑仑夜市

75分! 逛

曼谷最大的夜市 ★★★★

桑仑夜市是目前曼谷最大的夜市之一，这里有别于人们对一般夜市脏乱差的印象，3000多家店铺排列得整整齐齐，环境十分干净，给人的印象很好。因此生意很好，从下午三点开始营业，一直要到凌晨才会收摊。这里出售的货品包罗万象，泰丝、棉织品、木雕、泰国娃娃、泰国古典面具等极具艺术价值的泰国工艺品在这里应有尽有，而且价钱也比大商场便宜好多，是外来游客淘宝和购买纪念品的最好去处。

Tips

乘BTS在Lumphini站下 ☎ 02-6554023

03 Paulaner Beer Garden

古朴典雅的啤酒屋

Paulaner Beer Garden是一家位于桑仑夜市中的啤酒屋，店内分成屋内和屋外两个部分，屋内部分装饰很具古典风格，以褐色为主色调的装修以及各种绿色植物再加上泰国传统的装饰风格，让人感觉非常好。而室外则又是一片天地，在这里可以和桑仑夜市融为一体，在一边喝酒休息的同时还能感受到夜市里那活络的气氛，别有一番滋味。同时店里还会不时为客人带来演奏，让人们一点也不会感到无聊。

Tips

Langsuan Road, Lumpini, Pathumwan, Bangkok 乘MRT在Lum Phini站下 02-3616257

04 Lumphini Thai Boxing Stadium

泰国最著名的拳击赛场

娱

Lumphini Thai Boxing Stadium是泰国最著名的拳击赛场，位于伦披尼地铁站旁，交通十分便利，已经在这里矗立了50多年。这里每周都会举行泰拳比赛，观众席距离比赛擂台很近，能看清楚台上选手的一举一动，很有一种亲身上阵的感觉。在这里可以看到泰拳比赛从赛前仪式到比赛结束的全部过程，也是了解泰国传统文化的一种途径。

Tips

Rama Ⅳ Road, Bangkok 乘地铁在Lumphini站下 02-2528765

05 伦披尼公园

曼谷人休闲的胜地 ★★★★ 玩

Tips
乘地铁在Lumphini站下

伦披尼公园位于曼谷的黄金地带，这里原本只不过是一片稻田，后来随着曼谷市区的不断扩大，这里也就随之被改造成了公园。这座公园占地56公顷，拥有大片的绿地和森林，虽然这里的风景并不是特别的突出，但是它宁静祥和的氛围却是在喧闹的曼谷市中很少见的。老年人在这里打太极拳，小孩子在这里踢球，情侣们在这里泛舟约会，大家都能找到自己的乐趣。

06 Sri Maha Mariamman Temple

历史悠久的印度教庙宇 ★★★★ 

Tips
Silom, Bang Rak, Bangkok 10500 乘15、76、514路公共汽车在Sri Maha Mariamman Temple下 02-2384007

泰国深受印度文化的影响，因此在国内有不少印度教的庙宇，这座Sri Maha Mariamman Temple就是其中最为出名的一座。至今已经拥有100多年的历史了。这座庙宇就位于曼谷市中心地带，无论是外观还是内部装饰都充满了浓郁的印度风情。在寺庙正中供奉着印度教的主神湿婆和神后乌玛，经常可以看到印度教的信徒在这里参拜。同时这里还能买到不少有关的纪念品。参观庙宇有一些特别的规矩，这点需要游客注意。

07 泰国玫瑰花园

●●● 介绍泰国的传统文化 ★★★★

泰国玫瑰花园位于曼谷西南，是一家专门向外国游客介绍泰国传统文化的公园。虽然公园占地面积不到1平方公里，但是其中密密麻麻种植着各种颜色和品种的玫瑰花。一走进公园，那浓浓的花香立马就扑鼻而来。在花园中有一片人工湖，湖中船来船往，还有美丽的小桥跨越而过。在湖边有不少中国风格的建筑，让人感觉很是亲切。

Tips

Km 32 Pet Kasem Road Sampran,Nakorn Pathom,73110 Thailand 03-4322544
220泰铢

08 扎都甲周末市集 100分!

●●● 世界上最大的市集 ★★★★★

Tips

Phahonyotin Road,Bangkok 乘地铁在Mo Chit站下 02-2724440-1

扎都甲周末市集是世界上最大的市集之一，其面积有四个足球场那么大，其中容纳的商铺更是数不胜数。每到周末，这里汹涌的人潮让人实在难忘。如果想要在扎都甲逛得愉快，事先做好充足的准备肯定是必不可少的，不然随时都有可能迷失方向。这里出售的商品包括了衣食住行各个方面，不过其中鱼龙混杂，购买的时候可要擦亮眼睛。

09 Little Indian Town

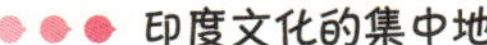

印度文化的集中地 ★★★★ 逛

Tips
乘BTS在Sala Dang站下

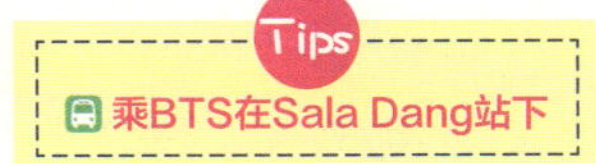

有人说泰国文化的父亲是中国，母亲是印度，这话一点也不假。在泰国印度移民是很重要的一个族群，他们在泰国开拓出了自己独特的文化。位于曼谷的Little Indian Town就是这么一处印度移民的聚居地。在这里到处都充满了浓郁的印度风情，随处可见的印度传统小吃让人垂涎不已，更不用说那些出售印度传统纱丽以及各种小纪念品的商店了，可以说不用前往印度就能感受到南亚次大陆的风情。

10 Wat Yannawa

仿造中国龙船建造的寺庙 ★★★★ 赏

Tips
乘BTS在Saphan Taksin站下

Wat Yannawa是位于曼谷的一座非常有特色的建筑，这是一座寺庙，它的造型非常奇特，又像鱼，又像船。据说这是泰王拉玛三世看到来自中国的巨大龙船后下令建造的，他希望这种龙船能给泰国带来安定和祥和，因此这里也称作“龙船寺”。如今在寺门口还矗立着拉玛三世的塑像，以示对他的纪念。这座寺庙市场还会举行兰花展览，供人们免费参观。

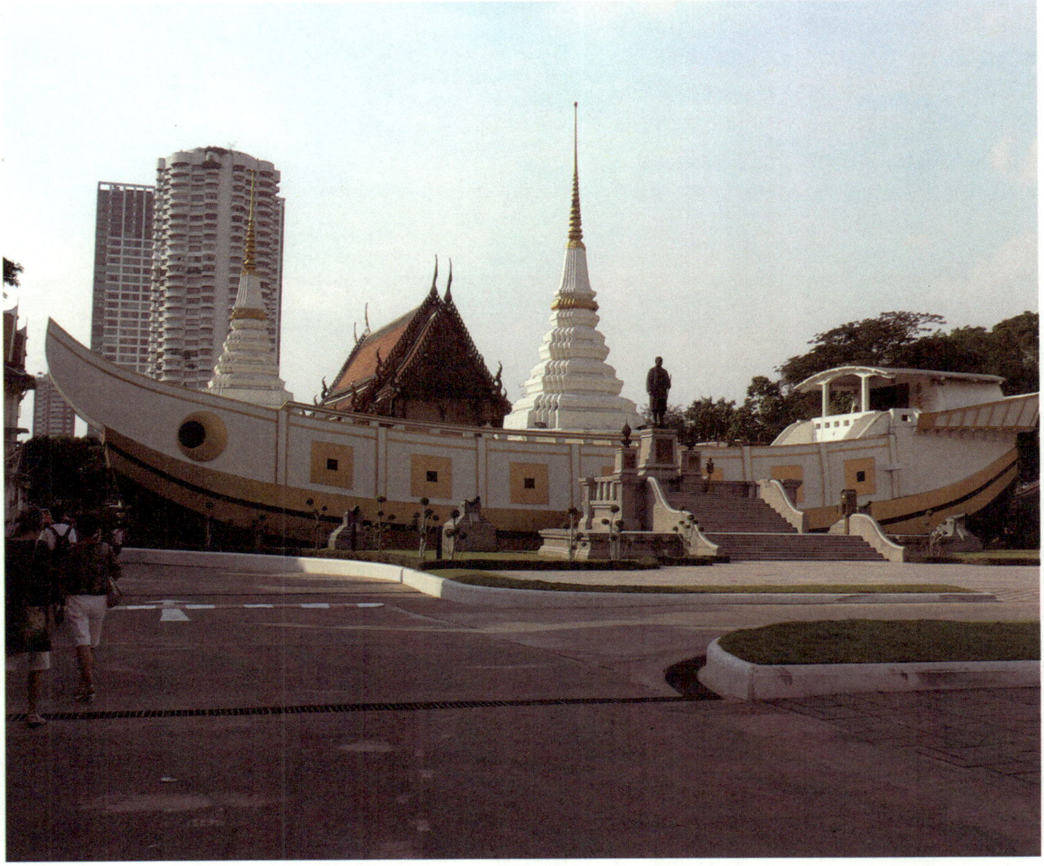

11 Sirocco

●●● 世界最高的露天餐厅

★★★★ 

Sirocco是一座位于曼谷莲花大酒店顶楼的露天餐厅，这里也是世界上最高的露天餐厅，从这儿可以俯瞰曼谷市的全貌，甚至还能远望奔流不息的湄南河。这家餐厅除了提供最正宗的泰国美食外，还特地从法国请来了优秀的大厨，为人们烹制美味的法国大餐。时常还会有著名歌唱家在这里举办音乐会，给人们带来多样的享受。

Tips

1055/111 Silom Road, Bangkok, 10500 乘BTS在Saphan Taksin站下 02-6249555

12 Bug&Bee the Café with a Buzz

●●● 新潮的泰式餐厅

★★★★ 

Bug&Bee the Café with a Buzz是一家最近新崛起的饭店，这里的装饰极具现代感，色彩丰富，很是新潮。这里提供的饭菜也以欧式的快餐和美食为主，将法国特产的可丽饼配合上各种菜肴，创立出新的菜式，并发挥泰国的特长，将新鲜的水果作为各种辅助调料，使味道更为鲜美。因此这里24小时都是人满为患，即使是来自欧洲的游客也对它啧啧称奇。

Tips

Silom Road, Bangkok 10500 乘BTS在Sala Daeng站下 02-6328883

13 Naatayasala Hun Lakorn Lek

吃 ★★★★

看传统的木偶戏表演

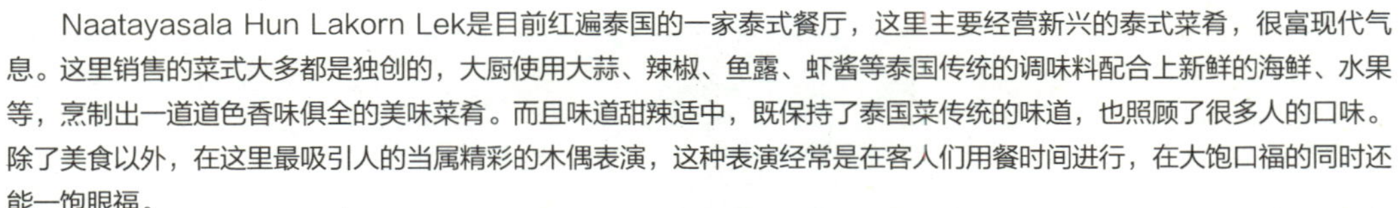

Naatayasala Hun Lakorn Lek是目前红遍泰国的一家泰式餐厅，这里主要经营新兴的泰式菜肴，很富现代气息。这里销售的菜式大多都是独创的，大厨使用大蒜、辣椒、鱼露、虾酱等泰国传统的调味料配合上新鲜的海鲜、水果等，烹制出一道道色香味俱全的美味菜肴。而且味道甜辣适中，既保持了泰国菜传统的味道，也照顾了很多人的口味。除了美食以外，在这里最吸引人的当属精彩的木偶表演，这种表演经常是在客人们用餐时间进行，在大饱口福的同时还能一饱眼福。

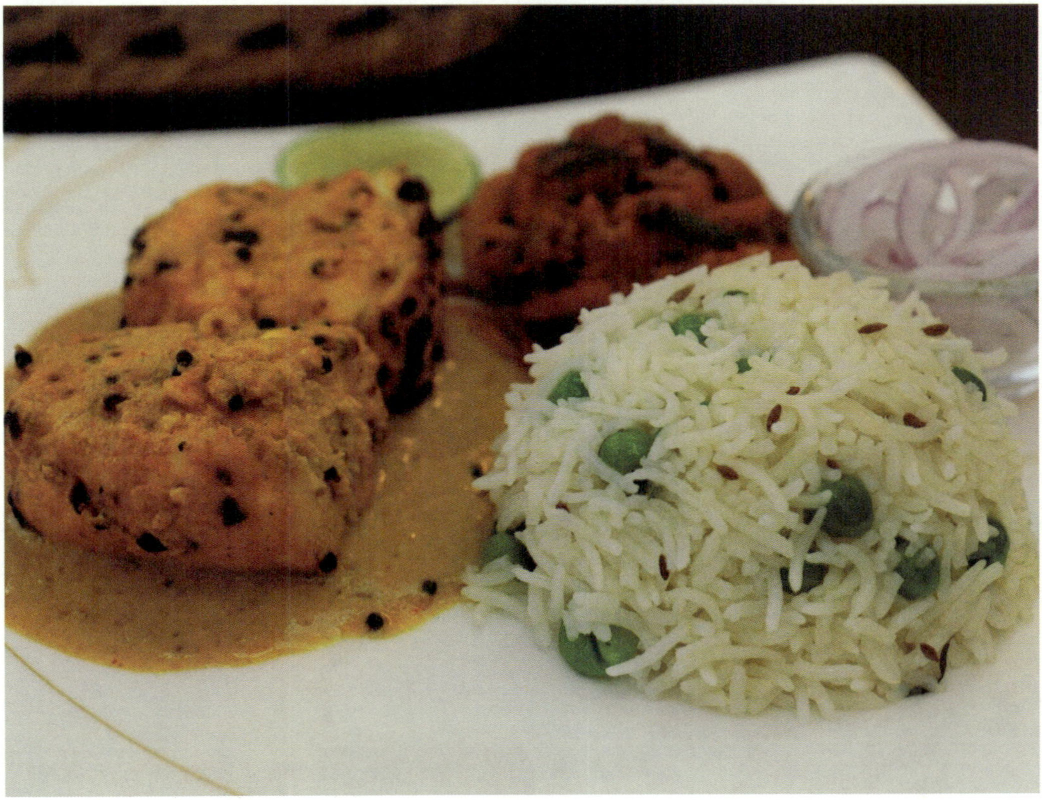

Tips

1875 Rama IV Road, Lumpini, Pathumwan, Bangkok , 10330 乘MRT在Lum Phini站下 02-2529683

14 曼谷机场购物街

★★★★

游客最爱的购物天堂

长900余米的曼谷机场购物街是泰国最瞩目的免税购物区，在舒适的购物环境内，汇集了世界各地中高档品牌的时装店和饰品店，以及价格相对便宜的泰国本土连锁商店，可以买到各种物美价廉的丝织品、木制品等泰国传统手工艺品和世界知名品牌的服饰、化妆品、烟酒等，堪称是一处购物天堂，深受游客喜爱。

15 Blue Elephant Royal Thai Cuisine

泰国菜第一品牌 ★★★★ 吃

Blue Elephant Royal Thai Cuisine是一家将传统泰式佳肴改造为适合欧美游客口味的饭店，也是曼谷顶级餐馆之一。这家餐馆的开设还有着传奇的经历，现在的老板娘的母亲曾是泰国王室的御厨，后来远嫁到比利时，并在那里开了一家泰国餐厅，她做出的食物有着独特的风味，因而受到对饮食挑剔的欧洲人的认可，生意非常好。Blue Elephant Royal Thai Cuisine的饭菜有着令人难以抵御的味道，不但获得欧美食客的好评，那些来自其他国家的食客也对其饭菜赞不绝口。这里的名菜包括香气四溢、酥脆可口的香草鲔鱼排和风味独特的黑胡椒大头虾，后者更是这里的名品。

233 South Sathorn Road, Bangkok，10120 乘BTS在Surasak站下 02-6739353

16 丹能莎朵水上市场 90分!

泰国知名的水上市场 ★★★★ 逛

曼谷南巴士总站乘公共汽车在Damnoen Saduak站下

丹能莎朵水上市场是一处极具东南亚特色的水上市场，这处市集居于全长35米的河道之内，各个店家将船只改为店铺，在水中销售各种新鲜的水果、海鲜等，很是吸引人。在大小不一的船舱内放满了五颜六色的果蔬，戴着斗笠的老板娘一边吆喝一边划船，那浓浓的水乡风情扑面而来。这里除了有各种果蔬外，还有不少经营泰国传统小吃的航船，人们可以站在河岸边吃上一碗现煮的米粉汤和炸香蕉，更有一番别样的美味。

17 柯叨岛

曼谷人的后花园

柯叨岛是一座位于湄南河中的小岛，因为过去这里盛产陶瓷制品，所以也被称作陶瓷岛。因为它地处曼谷较为偏僻的地方，交通不是很方便，所以外来游客很少，来这里的大部分都是本地居民，所以也有“曼谷人的后花园”美称。这座小岛上拥有美丽的自然风光和深厚的历史底蕴，是曼谷人周末度假的首选去处。在岛上有不少出售当地特产陶瓷制品的商铺和小吃摊，能体验到最纯朴的泰国人的生活。

Tips
曼谷巴士总站乘32、506号公共汽车在柯叨港口换乘渡轮 ☎ 02-6236001-3

必玩 Wat Poramai Yikawat

大理石建成的寺庙

Wat Poramai Yikawat是一座位于柯叨岛上的寺庙，这座寺庙虽然没有曼谷市中心那些著名佛寺的金碧辉煌，但是白色大理石的外表还是显现出庄严纯洁的美感。寺庙四周都绘有当地少数民族的图腾标志，是岛上最重要的一处景点。

18 Safari World

和野生动物亲密接触

Tips

Panyaintra Road 99, Bangkok 10510
☎ 02-9144100 ¥ 400泰铢

Safari World建于1998年，曾经是亚洲规模最大的野生动物园之一。在广阔的公园范围内，各种野生动物都自由地散养在这里。因此人们只有乘车才被允许进入，而且全程不允许走出车外。不过，即使是待在车里，也能最大程度地和各种野生动物做亲密接触，尤其是遇到一些猛兽时，那种刺激的感觉让人难以忘怀。此外，在这里还能欣赏到各种动物表演，看那些动物们做出各种憨态可掬的动作，一下就将之前的紧张感抛到了九霄云外。

泰国
攻略HOW

Part.7 大城

大城位于曼谷北部，原名阿育塔亚，是一处历史悠久的古都。古老的大城拥有大量佛寺和佛塔，置身其中，周围充满沧桑厚重的历史感。

大城 特别看点！

第1名！
帕司山碧佛寺！

100分！

★曾经的王家寺院，吴哥窟第二！

第2名！
帕玛哈泰寺！

90分！

★大城最早的高棉式佛塔，世界闻名的榕树包佛头景观！

第3名！
大城国家博物馆！

75分！

★大城王朝时期的丰富文物，了解大城的悠久历史！

01 帕司山碧佛寺 100分！

曾经的王家寺院 ★★★★ 赏

帕司山碧佛寺素有“吴哥窟第二”的美誉，这里曾经是泰国历史上的大城王国的王家寺庙，一度非常辉煌。但是随着外敌的入侵，这里也随之被废弃。如今那些记载在史籍中的壮观景象早已灰飞烟灭，只有三座标志性的高塔还保留着，里面安放着当时国王的骨灰。高塔四周则是残垣断壁与枝藤缠绕，一股历史凝重感油然而生。

Tips

Ayutthaya, Phra Nakhon Si Ayutthaya

02 拉嘉布拉那寺

用红砖建成的古代寺庙

★★★★

拉嘉布拉那寺位于大城岛内东北角，建于1424年，由大城王朝的七世国王主持建造。寺内早先还存有国王和王子的遗骨。这里原是宏伟的寺庙建筑群，但因为战火，一部分建筑受到严重损坏。如今，寺庙的入口处只剩下一面墙壁，这使得游客在远处就可以一览无遗地看到寺内的景色。拉嘉布拉那寺以寺内的宝塔而闻名，残垣断壁中，只有这座宝塔屹立不倒。1957年在宝塔的地下室内发掘出大量佛教文物和珠宝，原先塔内还存有泰国最古老的佛像、壁画。宝塔也是岛内最高的佛塔建筑，登上塔顶就可以俯瞰整个大城古都的风貌。寺内的建筑都统一采用红色砖墙，但是通过建筑师精妙的设计，各种样式的图案都能通过这种单一砖墙的不同组合表现出来。虽然受到了战火的摧残，不过现在寺庙建筑的外部还是能看出当时的粉刷样式，十分细致、精美。可以想象，毁坏之前的拉嘉布拉那寺是何等的壮观和雄伟。除了佛塔外，寺内还有一座有围墙的庙宇以及纪念门廊等景点可供参观。

Chikun, Tha Wasukri, Phra Nakhon Si Ayutthaya, 13000 ☎ 35-245210

03 帕玛哈泰寺

90分!

大城最早的高棉式佛塔

★★★★★

Tips

Chikun, Tha Wasukri, Phra Nakhon Si Ayutthaya, 13000 从曼谷乘船至大城下

毗邻帕司山碧佛寺的帕玛哈泰寺建于14世纪，是大城最早建成的高棉式佛塔之一。历史悠久的帕玛哈泰寺主塔曾有40余米高，塔身遍布精致的雕刻，现今只剩塔基部分呈现在游人面前。此外，帕玛哈泰寺最值得一看的还有寺内随处可见、枝繁叶茂的榕树，而寺内最著名的榕树包佛头景点更是将古寺与榕树完美融合在一起，吸引了众多游人光顾。

04 亚柴蒙考寺

纪念战争胜利而建的寺庙

★★★★

Phai Ling, Phra Nakhon Si Ayutthaya, 13000 ☎35-242640

亚柴蒙考寺位于大城岛外东侧，建于14世纪中叶，是为了纪念纳尔逊国王而建的。这位英勇的国王在与缅甸的战争中成功斩杀了缅甸王子，并取得了战争的胜利。为了庆祝这次胜利，人们建造了亚柴蒙考寺，这也是寺庙另一个名称“大胜利寺”的由来。在泰语中，“Yai”的意思是“大”，“Chai”的意思是“胜利”，“Mongkol”的意思是“吉利”。不过，亚柴蒙考寺也同样没能躲过18世纪泰缅两国战火的摧残。如今，寺庙的主要建筑已被毁，只能靠地上残存的基石来遥想当年的样貌。这里也因寺内的卧佛而闻名，卧佛长28米，面部表情祥和，身披金黄色袈裟，平静地躺在亚柴蒙考寺的废墟中。如果在天气晴朗时来参观，阳光洒在佛像身上，金色的袈裟闪闪发光，更加衬托出佛像的威严。卧佛周围还有许多佛塔，一些佛塔内供奉的佛像都还颜色鲜艳，栩栩如生。

05 蒙坤巫碧寺

泰国最大的青铜佛像

★★★★

Pratuchai, Phra Nakhon Si Ayutthaya, 13000

位于大城郊外的蒙坤巫碧寺是当地最古老的寺庙之一，距今有700多年的历史。在寺庙的正中有一座巨大的青铜佛像，高十几米，这是泰国现存最大的佛像。而在这座大佛的体内还有数百尊小佛像，这些小佛像造型各异，制作精美，因此这座大佛也被各方信徒所崇敬。随着寺庙的香火逐渐旺盛，这里的旅游业也发达起来，各种出售小纪念品的商贩遍布寺外，很是热闹。

06 柴瓦塔那兰寺

雄伟壮观的贵妃寺

★★★★ 赏

柴瓦塔那兰寺也称贵妃寺，坐落于湄南河西岸，被誉为大城岛上最美丽雄伟的寺庙之一。这座寺庙是大城王朝国王巴萨通王为了纪念他的母亲而建的。寺庙正中是一座高大的高棉式宝塔，周围立有四座小塔，在外围有8座更小的塔和门，塔群的四周被120多座佛像围绕，十分壮观。每当日落时分，夕阳的余晖洒在这些佛像及宝塔上会泛起金色的光彩，使这里更显得神圣。

Tips
Pak Nok river, Phra Nakhon Si Ayutthaya ☎ 35-322730

07 三宝公寺

纪念郑和而建的寺庙

★★★★ 赏

Tips
Ho Rattanachai, Phra Nakhon Si Ayutthaya, 13000

三宝公寺位于湄南河西岸，大城岛东南端，三宝公指的就是著名的大航海家郑和。郑和下西洋时，曾经来到当时暹罗国的首都大城访问，见到了很多当地的华人，后来华人为了纪念他，就修建了这座三宝公寺。如今这里是在泰国的华裔们最主要的宗教场所，经常会有来自各地的华人到这里参拜，因此一年四季都香火旺盛。

08 大城国家博物馆

75分!

藏有大城王朝时期的丰富文物

Tips

Pratuchai, Phra Nakhon Si Ayutthaya, 13000 ☎ 35-241587

大城国家博物馆位于城岛中心的Rochana路，是泰国的第二大博物馆。大城在经历了战火之后，许多历史遗迹都遭到了破坏，不过还是有一大部分珍贵文物得以幸存。这些文物现都被移入大城国家博物馆内保存。在拉嘉布拉那寺和帕玛哈泰寺发现的文物占据了展品很大一部分，其中包括拉玛二世为纪念去世的兄弟打造的金制品等。博物馆还展示了大城古都6-7世纪时期佛教艺术珍品，如各种神灵雕像、镶金佛像、宝石、金银制饰品和泰国其他地方出土的许多古董、古玩等。雕刻板和各式青铜佛像是比较珍贵的展品。一套绘有宗教主题的旗帜和漆制的书柜，向游客呈现出当时的佛教宇宙观。博物馆内展出的藏品都具有相当悠久的历史，游客可以在参观过程中充分了解泰国历史文化的演变过程，在入口的售票处也可以买到相关的历史书籍。需要注意的是，博物馆在周一、周二和泰国国家假日是不开放的。

09 洛布里

猴子的乐园

★★★★ 逛

洛布里位于曼谷以北129公里处，距大城约60公里。这里曾经历多次政权更替。在6—10世纪，孟族在此建立了瓦拉瓦提王国，并将洛布里称作“拉埚”。随后，素可泰以及大城王朝先后统治这个地区，洛布里也就成为大城王朝的陪都。到了11世纪，柬埔寨吴哥王朝的苏雅瓦曼一世王占领了这里。于是，洛布里又成为吴哥王朝的一部分。洛布里城内历史遗迹众多，其中三育佛塔是代表性建筑。佛塔建于高棉族统治时期，外观是三座高耸的佛塔连接在一起。这是典型的高棉寺院式建筑，是印度教神像三位一体的体现。此外，桑帕康寺和那莱皇宫也是洛布里的著名景点。桑帕康寺内供奉了一座看似我国齐天大圣的猴子佛像，据说来此求子非常灵验。大概是因为供奉了猴子佛像的缘故，寺庙周围也聚集了许多调皮的猴子，它们肆无忌惮地跟游人玩耍。每年11月，泰国政府还会举办“猴子节”，准备食物款待猴子们以感谢它们招揽游客。那莱皇宫建于166—167年，建筑融合了泰式、高棉式和欧式的风格。这座宫殿其实是当时的皇家储藏室，收藏了众多皇室的宝物和通过海外贸易得来的珍品。

必玩01 那莱皇宫

多种风格合一的皇宫

那莱皇宫是一座建于17世纪的建筑，这座建筑融合了高棉、泰国、欧洲等多种风格，让看惯了泰式传统风格建筑的游客耳目一新。这里是过去王家的储藏室，专门收藏国王的宝物和外国送来的礼物，如今这些都被作为展品陈列给各方游客。

必玩02 桑帕康寺

祈求得子的寺庙

桑帕康寺也是洛布里一处不可错过的景点，寺里最明显的标志就是一座神猴塑像，据说这只神猴能保佑女性顺利得子，因此一年四季都能见到前来求子的信徒。同时寺庙里也养了一大群猴子，每年还会举行猴子节，用最好的食物来款待它们。

泰国
攻略HOW

Part.8 芭提雅

位于暹罗湾的芭提雅是泰国最负盛名的度假胜地之一，碧海蓝天和洁白的沙滩吸引了无数游人光顾，素有“东方夏威夷”的美誉。

芭提雅 特别看点！

第1名！ 蒂芬妮人妖秀！

100分！

★泰国最具代表性的娱乐表演，观看著名的“人妖秀”！

第2名！ 七珍佛山！

90分！

★造型优美的巨大佛像，现代科技手段制造的佛像

第3名！ 乔木提恩海滩！

75分！

★充满悠闲氛围的海滩，欣赏壮美的日落美景！

01 信不信由你博物馆

展示奇异物品的博物馆

赏 ★★★★★

Tips

3rd Floor Royal Garden Plaza,Pattaya ☎038-710294

信不信由你博物馆是一个充满着奇异色彩的博物馆，这里收集了众多千奇百怪的物品，能让来到这里的参观者感到不虚此行。漫步在博物馆中可以看到来自中美洲的袖珍人头和栩栩如生的双头猫标本，除此之外，该展馆还有深受孩子们欢迎的波形隧道、变形镜、不平衡房间、机器人演讲等多处景观。信不信由你博物馆里还有一个专门播放3D电影的展厅，那里的视听设施先进，可以让坐在体感设备上的游客们获得身临其境的感受。

02 七珍佛山 90分！

价值连城的巨大佛像

七珍佛山有着世界上最独特的佛教巨像，是为了纪念泰国国王普密蓬·阿杜德登基50周年而特制的，这是一座采用了现代科技手段的佛像，与传统的佛教塑像大不相同。建造者首先将这座小山一分为二，然后在剖面上用激光描绘出佛像

的轮廓，最后用金箔和金钱镶嵌其上，给人以雍容华贵的感觉。这座佛像的造型精美，面部表情平静和蔼，它的心脏部位还镶嵌了一颗珍贵的释迦牟尼舍利子。七珍佛山的佛像价值连城，它用了18吨的24K金线来装饰，能让佛像在阳光的照射下散发出耀眼的光芒。

Tips

Na Chom Thian, Sattahip, Chon Buri , 20250

03 真理寺

气势雄伟的佛教寺庙

赏 ★★★★

真理寺是泰国的名刹之一，它的多座殿堂都是全木建筑，气势十分雄伟，又有古朴典雅的韵味。这座寺庙的主殿一直处于修筑之中，游客们可以一边欣赏殿内的精美雕饰，一边参观拥有古老传承的木匠们建造房屋的过程。真理寺内的古塔众多，它们参差不齐，建筑风格也略有差别，特别适合拍照留念。这座寺庙内的壁画雕刻都十分精美，有趣的是它们都是取材于小乘佛教佛经中的典故，这在国内是比较少见的。

Tips

Na Kluea 12, Na Kluea, Bang Lamung, Chon Buri ,20150 038-367229

04 东芭热带植物园

充满热带风情的旅游景区

赏 ★★★★

Pattaya, 20150 038-429321

东芭热带植物园是泰国最著名的植物园区之一，它拥有清秀的自然景观和丰富多彩的植物资源，是一个能令人感到不虚此行的旅游景区。漫步在园区内的狭窄小道上可以看到奇异的热带植物景观，尤其是那些古老的裸子植物和形态各异的藤蔓更令人大开眼界。东芭热带植物园里拥有多个展区，其中包括充满欧罗巴风情的法国花园和欧洲花园，也有充满奇异色彩的巨石阵花园与蚂蚁塔，仙人掌花园和花谷也都是各具特色的景点。

05 迷你暹罗园

缩微了的泰国名景

赏 ★★★★

迷你暹罗园是一个近年来十分流行的微型景观，来到这里的游客们可以足不出户就把泰国诸多名胜古迹的风貌尽收眼底。在这里能看到繁华的都市风情，那一栋栋钢筋水泥的建筑是现代文明的象征；而古朴典雅的大王宫和阿育塔亚王宫则是泰国悠久历史的见证，因同名电影而闻名于世的桂河大桥在景区内也能看到。迷你暹罗园除了缩微了泰国的诸多景点外，还汇聚了其他国家的名胜，其中包括巴黎的埃菲尔铁塔、美国的自由女神像等景观。

Tips

Sukhumvit, Na Kluea, Bang Lamung, Chon Buri, 20150 038-727333

06 云石公园

综合性旅游景区

★★★★ 玩

云石公园是一个集旅游观光、娱乐休闲等多功能于一体的综合性旅游景区。游人在这里能够观赏秀丽的自然景观和奇妙的人文景点，无论是各种珍稀树木，还是极为罕见的白老虎都能给人们留下深刻印象。云石公园里陈列着许多罕见的树木化石和其他植物化石，其中最古老的一块化石距今已有数百万年的历史。这个公园里还有许多精彩的表演节目，最受欢迎的则是紧张刺激的人鳄大战，游客们还可以购买活食抛掷给野生动物。

Tips

22/1 Moo 1, Nongplalai, Banglamung, Chon Buri, 20150 038-249311

07 沙美岛

风景秀丽的小岛

★★★★ 玩

沙美岛是泰国新兴的海滨旅游区，这里风景宜人，并保持着纯朴的天然气息。漫步在宁静的沙滩上可以看到海天一色的壮观场面，波澜起伏的水面上偶尔会有船只出现，是在海中游泳的好地方。当然这里也有水上摩托、快艇等娱乐项目，有兴趣的游客还能乘坐渔船进行环岛游，感受独特的渔民生活。来到沙美岛还可以前往岛上的餐厅品尝各种风味美食，尤其是那一道道经典的泰国佳肴更令人垂涎三尺。

从芭提雅乘游船即达

08 绿山野生动物园

泰国最著名的动物园 ★★★★ 赏

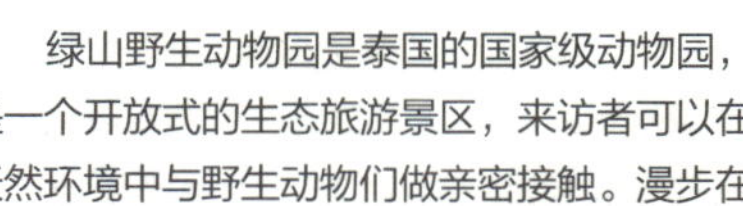

Bang Phra, Si Racha, Chon Buri ,20110 ☎ 038-298195

绿山野生动物园是泰国的国家级动物园，是一个开放式的生态旅游景区，来访者可以在天然环境中与野生动物们做亲密接触。漫步在动物园里可以看到许多珍稀的野生动物，其中包括白鹳、凤头白眉这些身形秀美的鸟儿，也有威武雄壮的大象、四肢纤细的长颈鹿，水池中还有凶悍狡诈的鳄鱼。绿山野生动物园里还有狮虎园，游客们可以乘坐汽车近距离观看这些百兽之王的英姿，这种有趣的体验是极为难得的。

09 芭提雅文化主题乐园

充满泰国传统风情的主题公园 ★★★★ 玩

芭提雅文化主题乐园是泰国最著名的主题公园之一，是以传统的暹罗风情作为主要特色的旅游景区。来到这里的游客们可以参加当地流传已久的民俗文化活动，高大威猛的勇士手持仪仗正步而行，这是古代泰国王室多彩多姿的水灯节巡行的一部分，令人血脉贲张的象战场面，则是最受游客欢迎的表演。芭提雅文化主题乐园也有表演现代艺术的场所，各种精彩的表演令人目不暇接，文化讲坛和钟塔也是各有特色的景点。

Sukhumvit K.M.155, Na-Jomtien, Pattaya, 20250 ☎ 038-256007

10 蒂芬妮人妖秀 100分!

娱 ★★★★

泰国最具代表性的娱乐表演

蒂芬妮人妖秀是泰国最著名的“人妖艺术”表演，这里的剧场设施先进，拥有良好的声光效果。这里的人妖秀拥有丰富多彩的表演项目，主要是以华语节目为主，深受两岸三地的中国人以及海外华侨的欢迎。蒂芬妮剧场的演员能够演唱出原汁原味的中文歌曲，他们穿着的各种中式服装也给台下的观众带来了亲切感。随着时代的变化，游人们在这里还能欣赏到日韩风格的精彩节目和风靡全球的街舞表演。

464 Moo 9, Pattaya 2 Rd., Pattaya, Chonburi, Bangkok, 20260 ☎ 038-421700 ¥ 500泰铢

11 乔木提恩海滩

充满悠闲氛围的海滩 ★★★★ 玩

乔木提恩海滩是近年来新兴的旅游景点，虽然没有芭提雅海滩那人声鼎沸的热闹情景，但却有着独特的清新景致。这里金色的阳光、柔软的沙滩和清澈的海水不输于世上任何一处海滩。这个海滩远离热闹喧嚣的芭提雅市区，是一处难得的清静之地。漫步在沙滩上，可以眺望远方那海天相接的壮观景象。

来到乔木提恩海滩，可以在湛蓝的大海中痛快地畅游，尽情挥洒自己的青春与活力，也能乘坐快艇享受那自由奔驰的快感。蜿蜒的海岸拥抱着蔚蓝透彻的海水，沙滩沙粒松软，赤足踏上后有种别样的舒服感觉。这片海域的水质洁净，可以清楚地窥探到海底生物世界的奇妙景象。

在这片平静的海滩上可以慵懒地享受日光浴，或者坐在随风作响的椰子树下品尝清淡的饮料，悠然自得地享受闲暇时光，这种美妙的意境是难以用语言形容的。等到了夕阳西下之时，这里是最适合情侣漫步、共享甜蜜时光的地方。

乔木提恩海滩中最值得品味的是那壮丽的日落情景，原本湛蓝的天空被晚霞渲染上一层金黄的色彩，火红的太阳慢慢地向海面坠落，平静的水面上闪耀着夕阳的霞光，当金乌落于海面、海天难辨之时，令人不得不感叹大自然的神奇，能够制造出此等美景。夜间，这里繁星点点，与人间灯火融为一体，又有着一种奇妙的典雅风情。

必玩★ 日落

壮丽的自然景观

在乔木提恩海滩观看日落是一个绝佳的选择，每到傍晚时分，位于远方的天际会被夕阳渲染出色彩绚丽的晚霞。等太阳落到海面上的时候，水天相接，难分彼此，令人不得不感叹大自然的神奇。

12 龙虎园

凶猛野兽的家园 ★★★★ 玩

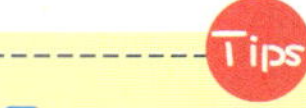

341 Moo 3, Nongkham, Sriracha, Pattaya, 20110
038-339111

龙虎园是泰国最具特色的主题公园之一，它是以老虎和鳄鱼并存作为卖点的旅游景区。这里的野生动物很多，有趣的是它们之间大都充满和平的景象，其中就有大猪和小老虎、小猪和大老虎被关在一起，相安无事的奇怪场面。龙虎园里拥有很多精彩的表演项目，比较著名的有老虎钻火圈等，精彩万分的人鳄大战也是这里的经典节目之一。来到这里的游客还能与这些威猛的动物合影留念，并参观介绍鳄鱼习性的展览馆。

13 罗永府

景区优美的海滨旅游区 ★★★★ 玩

濒临泰国湾的罗永府是著名的旅游景区，游人们在这里除了能够欣赏到蓝天碧海之间的美好风景外，还能尽情品尝世界各地的美食佳肴和当地出产的美味海鲜。漫步在海滩上可以看到在水中畅游的游客，沙滩既有正在享受日光浴的比基尼美女，也有在沙滩排球场玩得不亦乐乎的青年男女。罗永府水域的水质很好，有兴趣的游客可以在教练的陪同下潜入水中，前往那充满神秘色彩的珊瑚丛中一探究竟。

Rayong, Thailand

泰国
攻略HOW

Part.9

华欣

位于芭提雅、普吉岛等度假胜地之间的华欣是一座安逸祥和的小城，作为泰国王室贵族最热衷的度假避暑胜地，华欣城内外那些典雅的行宫和奢华的度假别墅吸引了众多游人的目光。

华欣 特别看点！

第1名！
华欣夜市！
100分！

★热闹喧嚣的夜间集市，华欣著名的夜市！

第2名！
拷汪宫！
90分！

★造型华美的宫殿，《安娜与国王》的宫殿原型！

第3名！
华欣火车站！
75分！

★为迎接泰国王室而建的火车站，华美典雅的车站！

01 华欣火车站 75分！

为迎接泰国王室而建的火车站 ★★★ 赏

Tips
Hua Hin, Prachuap Khiri Khan , 77110

华欣火车站是一座充满典雅气息的火车站，它是为了迎接当时的泰国国王拉玛六世而建的。这座火车站的候车室采用了柚木作为建筑材料，主体风格为传统的泰式风格，红白相间的色彩让它显得秀美异常。华欣火车站里最引人注目的景点当属那座如同宫殿般的华丽建筑，它是王室成员专用的候车室。这个火车站同时还是一个小型的博物馆，里面陈列着拉玛六世视察这里时所拍的照片，以及当时所使用的火车头等文物。

02 爱与希望之宫

具有纪念意义的王室宫殿

赏 ★★★★

爱与希望之宫建于拉玛六世统治时期，它是这位国王为了祈祷王后能顺利产子而建造的祈福宫殿。这座宫殿的主体建筑采用了传统的泰式风格，又兼具现代建筑的特点，是一座极为精美的古典式宫殿。爱与希望之宫以木材为主要建筑材料，使用了1080根上等柚木作为房屋的支撑，充满高贵典雅色彩的黄墙红瓦，彰显出这里不同凡响的地位。殿内的装饰精美，漫步在悠长的走廊上还能看到风景优美的海滨景观。

Tips

Cha-am, Phetchaburi ,76120

03-2508028

Tips

Petchakasem Rd., Prachuap Khiri Khan, Hua Hin, 77110

华欣夜市是当地著名的商业街区之一，是一个面向外国游客的专业市场。这里吃喝玩乐的选项丰富，到处都有传统的泰国佳肴和当地的风味小吃，其中以各种炸昆虫小吃最受欢迎，夜市上小吃摊都有专门的厨房，卫生条件相对较好。来到华欣夜市除了品尝小吃之外，还可以寻找当地出产的各种手工艺品，是不能错过的淘货好去处。这附近还有一个以当地人为主的大型夜市，那里人潮涌动，是感受当地商业文化的好地方。

04 帕亚那空山洞

沧海桑田的见证

位于三百峰国家公园内的帕亚那空山洞本来位于海平面之下，后来因为地壳运动，才露出水面，至今仍能在洞内看到海水留下的痕迹。这里成为旅游景区的历史很久，泰国国王拉玛四世就曾来过此处，他还在洞外修建了一座精巧别致的小型宫殿，那独特的造型和风格使之成为整个碧差汶里府的标志性建筑。漫步在帕亚那空山洞内可以看到各种壮丽的自然景观，阳光会从洞穴顶部的通风口照射进来，渲染出一层金色的光辉。

Tips

Sam Roi Yot, Prachuap Khiri Khan ,77120

05 拷龙穴

巨大的钟乳石石窟

★★★★

拷龙穴是碧差汶里府最有名的景区之一，它位于林木葱茏的拷龙山上，周围的环境极为清幽。拷龙穴是一个巨大的天然洞窟，里面拥有各种奇异的钟乳石景观，石钟乳、石笋、石柱、石花、石幔、石枝、石管、石珍珠、石珊瑚等遍布其中，无所不奇，无奇不有。漫步在洞中还能看到造型各异的佛像，其中最为引人注目的是一尊巨大的卧佛像。这里还有许多不知年代的土俑，它们给拷龙穴带来了一些神秘色彩。

Tips

Cha-Am, Hua Hin / Cha Cha Am

06 拷汪宫

90分!

造型华美的宫殿

赏 ★★★

拷汪宫是泰国王室的行宫之一，它建于拉玛四世统治时期，是这位国王最为喜爱的宫殿。这座宫殿建于山丘之上，远远望去宛如一座高贵典雅的空中殿堂，因而得到了“空中之城”的美誉。拷汪宫面向暹罗湾，站在殿前就可以遥望到波澜壮阔的大海；宫殿四周环境清幽，林木葱茏，使人感受到恬静自然的氛围。拷汪宫还是《国王与安娜》中的行宫原型，来到这里的游客们都想寻找一些与那部名作相关的痕迹。

Tips

Kiri Ratthaya, Khlong Kra Saeng, Muang Phetchaburi, Phetchaburi, 76000

07 康卡沾国家公园

与野生动物做亲密接触的好地方

★★★★ 玩

康卡沾国家公园是一个风景秀丽的自然景区，它同时也是泰国最大的野生动物保护区。公园里植被茂密，山清水秀，各种珍稀动植物应有尽有，其中包括巨嘴鸟、绿色阔嘴鸟等世界级保护生物。漫步在景区内可以看到身形奇异的热带植物，巨大的水杉、榕树和缠绕其上的藤蔓令人惊叹不已。康卡沾国家公园里拥有多种游乐方式，最受欢迎的是乘大象巡游景区，还可以骑自行车在野外进行露宿，水上漂流则是备受年轻人欢迎的刺激运动。

Tips

Kaeng Krachan Sub-district, Amphur Kang Krachan, Phetchaburi,76170 ☎ 66-32-467326

泰国
攻略HOW

Part.10 清迈

清迈是泰国的第二大城市，曾经是泰北兰纳泰王国的都城，迄今已有800余年的历史，城中有双龙寺、隆圣骨寺等历史古迹，是一座闪耀着泰北地区灿烂历史光辉的古都。

清迈 特别看点！

第1名！双龙寺！

★清迈著名的佛教圣地，供奉佛祖舍利的寺庙！

第2名！隆圣骨寺！

★清迈最高的古建筑，历史悠久的古寺塔！

第3名！三王雕像！

★清迈人集中进行朝拜的地方之一，清迈的保护神！

01 三王雕像 75分！

纪念三位古代贤王

★★★

三王雕像是清迈的标志之一，这是为了纪念三位对清迈建城起了重要作用的大王而建的。这三位大王当时结为同盟，创立了很长时间的和平时代，给清迈的建立和发展创造了很好的环境。雕像中三位大王并肩而立，似乎还在互相交谈，神情自然，栩栩如生，让人不得不赞叹匠人们高超的技术。每天都能看到来自各方的人们在这里祈祷，希望这三位大王可以永远守护清迈这座城市。

Phra Pok Klao, Sri Phum, Mueang Chiang Mai, Chiang Mai 50200

必玩 清迈艺术文化中心

了解清迈的历史

清迈艺术文化中心位于以前的清迈市政府的基础之上，是清迈古城区难得一见的现代建筑。这里主要收藏了清迈各个历史时期的资料和文物，展示和介绍清迈悠久的历史，是深入了解清迈这座城市的最好地方。

02 松达寺

王室御花园改建的寺庙

★★★★ 赏

至今已经建立了600多年的松达寺是清迈历史最悠久的寺庙之一，在泰语中的意思是“花园寺”。这里原本是一位高僧的住所，后来曾被兰纳泰王朝征用为御花园，因此松达寺的大门采用了泰国北部皇宫大门的典型式样。松达寺中最显眼的建筑就是埋藏有佛祖舍利子的大金塔，金塔周围是超过一人高的白塔塔林，这里也是兰纳泰王朝的王族去世后的埋骨之所。松达寺主僧院的规模非常大，使用豪华精美的木雕作为墙壁装饰，僧院的铁窗也都用精美的佛像造型做装饰，其华丽程度令人咋舌。僧院内供奉着一座超过500年历史的青铜佛像。僧院外面就是高僧库鲁巴斯里威差的墓地，这位高僧在1930年翻修了当时已经破败的松达寺。每年4月，松达寺也是清迈泼水节的主要会场之一。

Su Thep, Mueang Chiang Mai, Chiang Mai 50200

03 双龙寺

100分!

金碧辉煌的寺庙

双龙寺是清迈著名的佛教圣地。传说古时一位高僧为了守护自己带来的佛舍利，特地将舍利放在一头白象身上，让白象选择存放舍利子的地点，然后在白象停下的地方建造了一座寺庙。因为在通往寺门的山路上有两条金龙雕像，所以这里就被称作双龙寺。双龙寺可以用“金碧辉煌”四个字来形容，寺中的建筑大多都用金箔装饰，随处也可以看到由黄金打造的伞盖，整个寺庙所使用的黄金达240多公斤。除了寺门外的双龙，寺门两侧还摆放了泰国传统的大象雕塑，这与中国摆放石狮子的传统不同，具有鲜明的泰国特色。双龙寺有三件镇寺之宝：佛祖舍利、舍利塔顶的水晶莲花、正殿里供奉的释迦牟尼像。这三件都是很具历史价值和艺术价值及宗教意义的宝贵文物，也是双龙寺的象征，因此吸引了很多善男信女来此顶礼膜拜，使得这里常年香火旺盛。

Tips

Su Thep, Mueang Chiang Mai, Chiang Mai 50200, 50200

04 蒲屏宫

充满王室奢华风情的夏宫

★★★★

蒲屏宫是泰国王室的夏宫，坐落于素贴山顶，目前只有在没有王室人员居住的时候才开放夏宫的花园部分。蒲屏宫的外观是典型的泰式王宫样式，在花园里可以清楚地看到各个宫殿，白色的墙壁配上黄色瓦片显得非常雅致。花园里种植着大量名贵的花朵，都是由园艺师精心培育的，有的玫瑰花甚至和人脸一般大小。色彩各异的花朵争奇斗艳，让人目不暇接。由于当地的湿度比较高，所以这里常常会有淡淡的薄雾，走在薄雾里，周围是五颜六色的奇花异草，好像身处仙境一般。花园的中心是一个很大的喷泉，这喷泉的造型十分高贵，喷泉的水声给周围安静的环境带来一丝热闹的气息。游人至此，自能感到一种平和宁静之美。

Tips

Su Thep, Mueang Chiang Mai, Chiang Mai, 50200 ☎ 053-223065

05 帕辛寺

清迈最古老的寺庙之一

Tips

Sri Phum, Mueang Chiang Mai, Chiang Mai, 50200 053-814164

帕辛寺又名普拉辛寺，建于14世纪，是清迈城内规模最大的佛寺。帕辛寺具有悠久的历史，据说寺院是模仿清迈的普拉新寺院而建的，并且是兰纳式建筑的完美典范。寺院周围苍松翠柏，古木参天。寺院正中有一座高约20米的大金塔，建于16世纪，据说塔内保存有佛祖释迦牟尼的舍利子，塔顶还有泰王所赠的水晶莲花。寺内有东西南北4座佛殿，分别有长廊相连，成四方形。每座殿内供有一尊金身大佛，正殿莱甘堂内供奉有被视为泰北最具灵性的三尊佛像。殿堂四周墙上绘有佛教故事的壁画，是以当地古代服饰和风俗为内容，殿内还有工艺精湛的木雕，是上乘的佛教艺术品，被认为是泰国北部传统艺术的代表作。每年4月泼水节期间，帕辛寺是人们庆祝的主要地点之一。

06 隆圣骨寺 90分!

雄伟庄严的大佛塔

隆圣骨寺在泰语中的意思是“大塔寺”，寺庙的标志性建筑就是建造于1440年全高90米的巨大兰纳泰式佛塔，塔身呈四方形，经过历代信徒多次加高，成为当时清迈最高的建筑，传说在塔顶可以远望千里。虽然原塔在16世纪的一场地震中被震坏，但是经过数次翻修，目前依然留存着佛塔的遗址。在塔的东面有一座神龛，这里曾经供奉着一尊玉佛，后来为了躲避战火，玉佛被转移到了曼谷。在塔的南侧有6个象头的塑像，其中只有一个是原物，因为年代久远失去了鼻子和耳朵，不难从中看出这座寺庙历史的悠久。佛塔后面有两座殿堂，每一座殿堂里都供奉着隆圣骨寺历代高僧的蜡像，这些蜡像造型生动，目光炯炯有神，颇具神采。隆圣骨寺虽然不如其他寺院那样游人如织、香火旺盛，却也是清迈的著名寺庙之一，深受信徒推崇。

Tips

Sri Phum, Mueang Chiang Mai, Chiang Mai,50200 053-278595

07 Khum Khantoke

吃豪华的帝王餐

Khum Khantoke是清迈一家著名的餐厅，以提供豪华的康托克餐而闻名，康托克餐也称帝王餐，是泰国人在重要活动时必备的餐宴。这座餐厅采用了传统泰国风格装饰，可以容纳数百人一起用餐，每当康托克餐开始时，餐前都会有当地漂亮的舞女展示泰国传统歌舞，并给客人们戴上花链以示欢迎。用餐之中她们也都会跳起优雅的指甲舞助兴，让人们吃得开心，看得开心。

Tips

139 Moo 4, Nong Pakrung, A Muang, Chiang Mai, 500000
053-204121

08 Central Airport Plaza

泰北最大的综合购物中心

Tips

Pa Daet, Mueang Chiang Mai, Chiang Mai, 50100 053-281660

Central Airport Plaza是泰国北部最大的综合购物中心，位于清迈机场附近。因为地处交通要地，所以客流量很大。这座4层楼的建筑虽然面积不很大，但是经营的范围却包括了衣食住行、泰式按摩、儿童游乐园等各个方面，集购物、休闲、娱乐于一身。在商场的地下还有一个美食广场，专门经营各种泰国传统美食，让初来清迈的人们首先品尝一下清迈的佳肴。

09 清迈假日市集

借金融危机而组织起来的市集

21世纪初，一场席卷东南亚的金融风暴给泰国带来了极大的损失，当时政府鼓励人们将自己家里用不着的东西拿出来卖掉，久而久之，就在清迈形成了这处假日市集，而且越做越大，越做越红火。现在虽然金融风暴早已过去，但是依然还是有很多人会将自己制作的各种工艺品拿出来出售，同时还有各种小吃摊和杂耍表演，这里的货品充满了各种奇思妙想的创意，总能在无意之中发现好东西。

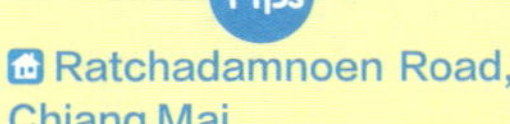

Ratchadamnoen Road, Chiang Mai

10 王太后行宫

充满欧陆风情的王室行宫

★★★★ 赏

位于莱东山上的王太后行宫，是泰王拉玛九世送给王太后诗纳卡琳的生日礼物，也是泰国诸多王宫中最为年轻的一座。这座行宫的规模不大，结合了泰国传统的建筑风格与西欧建筑风格的精华，因而有着高贵典雅的风范。王太后行宫使用的建筑材料是高级柚木，房屋内的装饰美观且简洁大方，墙壁上的图案都是由手工刺绣而成的。在这里的阳台上可以远望峰峦叠嶂的群山，附近的景色幽静秀美，令人能够沉醉在这大好河山之中。

Tips
Mae Fa Luang, Chiang Rai ,57240 ☎ 053-767015

必玩 王太后花园

百花争艳的花园

王太后花园里林木葱茏，鲜花盛开，彩蝶纷飞，来到这里的游人们会被这人间美景所吸引，忘却一切烦恼忧愁。

11 兰花园

兰花种植基地

兰花是泰国人迎宾和装饰最常用的花，也是泰国人最喜爱的花卉之一。清迈兰花园是泰北地区种植兰花的中心。兰花园占地面积并不大，园门的装饰也很简单，但是走进去就别有洞天了。园里的设计相当合理，处处都是兰花，芬芳扑鼻。兰花园种植着数百种兰花，颜色各异，造型也各不相同。漫步在不大的花园里，头顶的阳光透过吊兰照射下来，在地上留下了点点碎片。身边各种兰花争奇斗艳，让人不由心生赞叹。每个游人都能在这里得到一个用兰花制成的特别的胸针，戴在胸前很是漂亮。这里除了出售用兰花制成的各种首饰外，还出售专门种植在真空水瓶中的瓶装兰花，便于游人携带。此外，兰花园里还有一个可以容纳300人的自助餐厅，在香气四溢的兰花丛中进餐休息，简直是世间少有的享受。

60-61 Mu 6 Marerim, Chiang Mai ,57240

053-298771

12 博桑雨伞制作中心

造型精美的雨伞制作中心 ★★★ 赏

博桑雨伞制作中心是出产著名的清迈纸伞的地方，这种造型精美的手工艺伞，已经成为当地的象征。这种古老的纸伞已经有了200多年的历史，工匠们至今仍用古老的手工制作方法来生产出一只只广受赞誉的雨伞。来到博桑雨伞制作中心的游客可以看到纸伞的生产过程，从制作雨伞的骨架，再到给伞面上描绘出精美的图案和花纹，打蜡则是最后一道工序。这里还会举办盛大的博桑伞节，许多工匠会拿出自己最为得意的作品前来参展。

Tips

Charoen Muang Road 9 kilometers out of town Chiang Mai, Chiang Mai, 50000 ☎ 053-248604

13 清迈夜市

清迈最大的夜市 ★★★★ 逛

Tips

105 Thanon Chiang Mai-Lamphun, Chiang Mai

在泰国每个城市里几乎都有夜市，而清迈的夜市就是其中规模较大的一处，常年在这里经营的店家多达数百家，还更有数不胜数的临时小摊。这里主要经营各种泰国传统工艺品、泰丝、瓷器、银器、家具、民族服装等。每到夜幕降临，嘈杂的叫卖声和各种小吃的香味混杂在一起，构成一种独特的泰国风情，吸引着每一个来清迈的游客。

14 清迈夜间动物园

罕见的夜间动物园

★★★★ 玩

清迈夜间动物园位于素贴山下，是世界上第二座夜间动物园。这里没有使用铁笼作为分隔动物的设施，而是通过水路、岩石、树木等天然屏障，将整个动物园划分成兰那村、喜马拉雅山野生动物雕塑群、美洲豹足迹、思湾湖、非洲大平原动物区、食肉动物区等几部分，每个部分都饲养着很多珍禽异兽，共有1400余只。这座公园最大的特点是利用肉食动物喜好晚间出来活动的特性，开辟了夜间游览项目，游客们可以搭乘容纳24人的小车，趁着夜色穿梭于各种猛兽之间，可以对狮子、老虎、熊、野狼等动物做近距离观察，是一次精彩而又刺激的旅程。整个动物园环境优美，青山碧水，也是一处自然景观的胜地。同时，动物园也在环保方面作出了贡献，他们成功地用动物粪便制造出纸张，还因此获了奖。

Tips

 Nong Khwai, Hang Dong, Chiang Mai ,50230 ☎ 053-999000

15 茵他侬山国家公园

景色秀丽的山林公园

Tips

Doi Inthanon National Park, Chomthong, Chiang Mai, 50160 053-268577

茵他侬山国家公园位于泰国最高峰茵他侬山上。茵他侬山海拔2595米，山上遍布奇峰怪石、云海瀑布，站在山上好像身处仙境一般。公园内风景秀丽，树木茂密，鲜花遍地，气候宜人，还不时有野生的大象出没，是泰国最负盛名的公园。茵他侬山的动物资源相当丰富，光野生鸟类就有400多种，是鸟类爱好者们的天堂。山上遍地蕨类植物和高大的丛林，其间夹杂着千年兰花等珍稀花种。湄江瀑布是山上最大的瀑布，在险峻的峡谷之间，一道水带从天而降，气势宏大，十分壮观。山上还有新建的两座帝后塔，为泰王和王后赏花之用。塔的周围有漂亮的鲜花、草坪和水池，相当别致。山顶还有一处纪念牌楼，作为泰国最高的纪念牌楼，是观景和留念的大好去处。

16 清迈动物园

泰国最著名的动物园 ★★★★

清迈动物园是泰国最大也是最著名的动物园，这里生活着来自世界各地的珍稀生物，除了众多热带生物外，还有来自极地的企鹅和北极熊。动物园里有很多放养区，游人们在那里可以和性情温顺的动物们做亲密接触，动物剧场则是观看精彩演出的地方。清迈动物园里人气最高的动物是来自中国的大熊猫，澳大利亚的考拉则以它们淡定的生活态度吸引了游人们的目光，巨大的科莫多巨蜥是罕见的大型爬行动物。

Chang Phuak, Mueang Chiang Mai, Chiang Mai ,50300
053-210374

泰国
攻略HOW

Part.11 苏梅岛

位于泰国湾的苏梅岛是泰国第三大岛，20余年前这里还是一座无人知晓的渔村，现今依旧保持着质朴的本色，其乡村风情和成片的椰林宛若世外桃源一般，吸引无数游人前来寻幽探秘，享受宁静假期。

苏梅岛 特别看点！

第1名！ 查武恩海滩！

★岛上游人最多的海滩，苏梅岛最热闹繁华的地方！

第2名！ 拉迈海滩！

★最适合度蜜月的海滩，浪漫迷人的海滩！

第3名！ 帕雅寺！

★苏梅岛的海上地标，金光闪闪的高大佛像！

01 查武恩海滩 100分！

热闹喧嚣的海滨浴场

查武恩海滩是苏梅岛上最著名的景区，是一个广受赞誉的度假胜地。这个海滩也是当地最为热闹繁华的海滨浴场，各种设施完备，能让来客满意而归。游人来到查武恩海滩可以在蔚蓝色的海水里畅游一番，也能操纵着舢板与海浪一决高下；乘坐飞速前进的摩托艇可以享受到风驰电掣的感觉；而潜入水中，探访那充满神秘色彩的水下世界，也是很有诱惑力的娱乐活动。海滩上的设施众多，餐厅、咖啡馆应有尽有，各种美味佳肴令人垂涎三尺。

苏梅岛东海岸 苏梅机场乘小巴在查武恩海滩站下

02 拉迈海滩

90分!

充满浪漫氛围的海滩

★★★★

Tips

苏梅岛东海岸

拉迈海滩位于苏梅岛东海岸，虽然只有短短2公里长，但是却以其清静悠闲的气息成为苏梅岛上最值得游览的景点之一。与查武恩海滩相比，拉迈海滩的开发并不算完善，不过也因此更加安静自然，漫步拉迈海滩之上，有一种远离尘世喧嚣的感觉。而且因为保护得当，这里的海水透明度较高，十分适合游泳、潜水等水上活动，著名的祖父祖母石就在拉迈海滩的南边。拉迈海滩附近没有高级旅店，却有着许多经济实惠的旅馆和度假酒店，海边的商业街虽然并不繁华，但也是应有尽有。因为拉迈海滩的安静，这里成为最适合度蜜月的海滩之一，每年都有许多来自世界各地的新婚夫妇在这里度过一段美好的时光。

03 祖父祖母石

造型奇异的怪石

★★★

Tips

苏梅岛东海岸

拉迈海滩上有很多奇异的巨石，其中最著名的当属祖父祖母石，因为酷似男女生殖器而得名。这两块巨石并不紧挨在一起，高大的祖父石屹立在海边，而祖母石则被海水所淹没，只有等到退潮时才能看见。这里不只是祖父祖母石造型奇特，其他巨石也是鬼斧神工，令人不得不感叹大自然的神奇。祖父祖母石附近的海滩是来苏梅岛游客享受日光浴的场所，一旁的集市则是购买各种椰子制品的好地方。

04 大佛海滩

距离机场最近的海滩 ★★★★ 玩

Tips

机场乘小巴即可到达

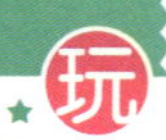

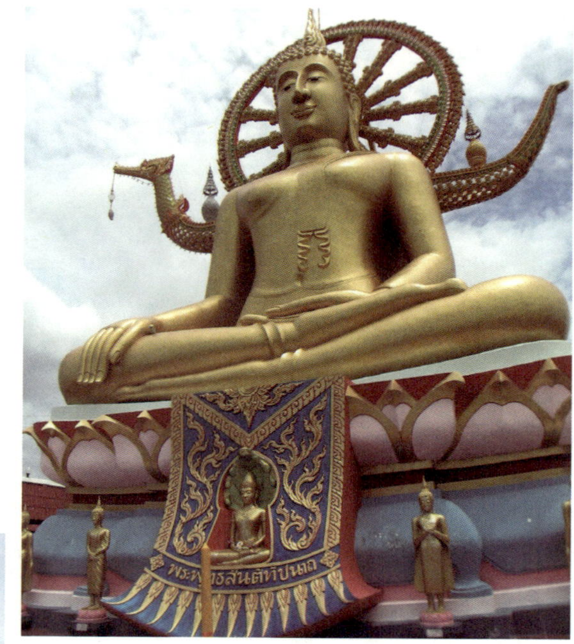

大佛海滩是苏梅岛上距离机场最近的海滩，这里有车通往岛上的各景点，也可以乘坐船只前往潜水胜地涛岛，所以被认为是小岛的交通中心。漫步在海滩上可以看到金璧辉煌的帕雅寺，里面殿堂众多，古朴典雅的泰式风格建筑令人赞叹不已，寺内还有一座高达12米的佛像，它的造型优雅，是苏梅岛的海上地标，常有人到此参拜，祈求神佛的保佑。游人们来到大佛海滩，可以在沙滩上享受日光浴，以及参加沙滩排球、足球等娱乐活动。

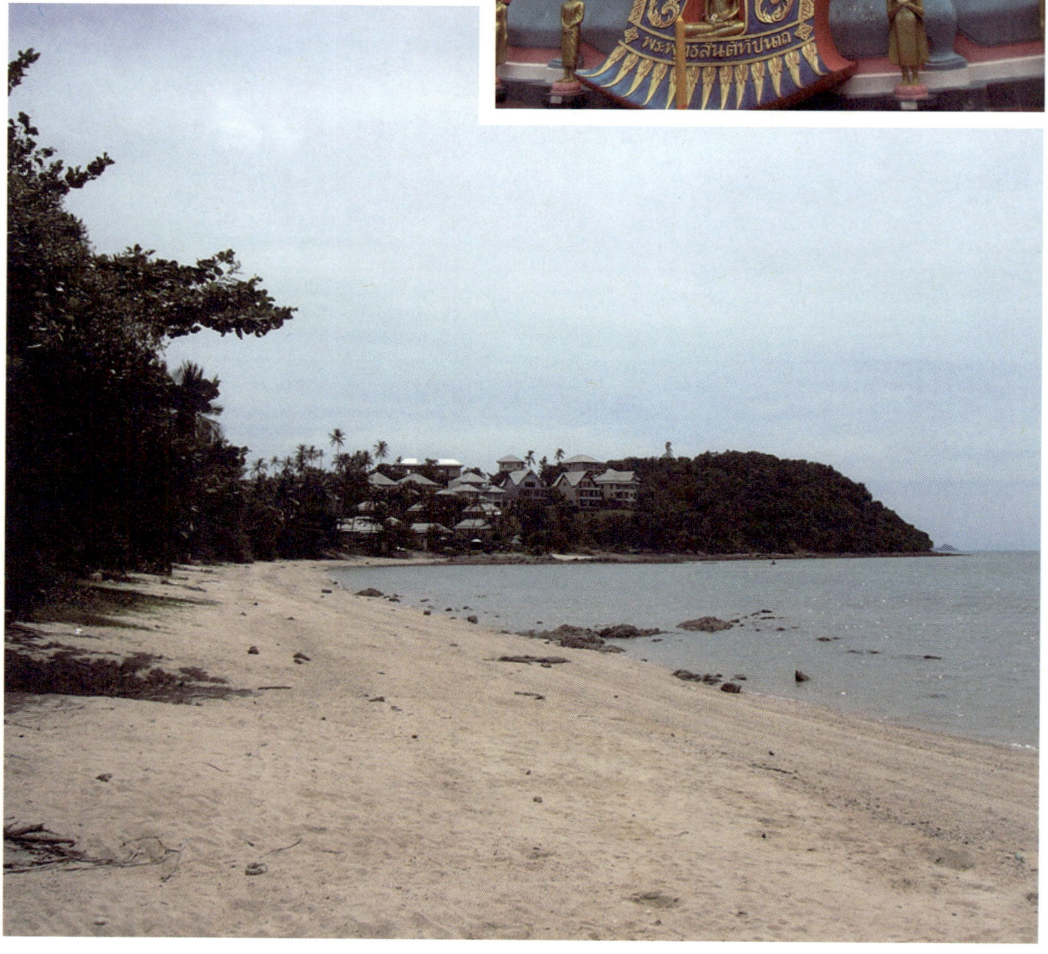

05 波菩海滩 玩

感受古老渔村风情的海滩 ★★★

Tips
苏梅岛北部

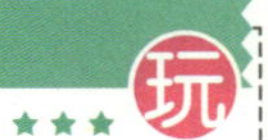

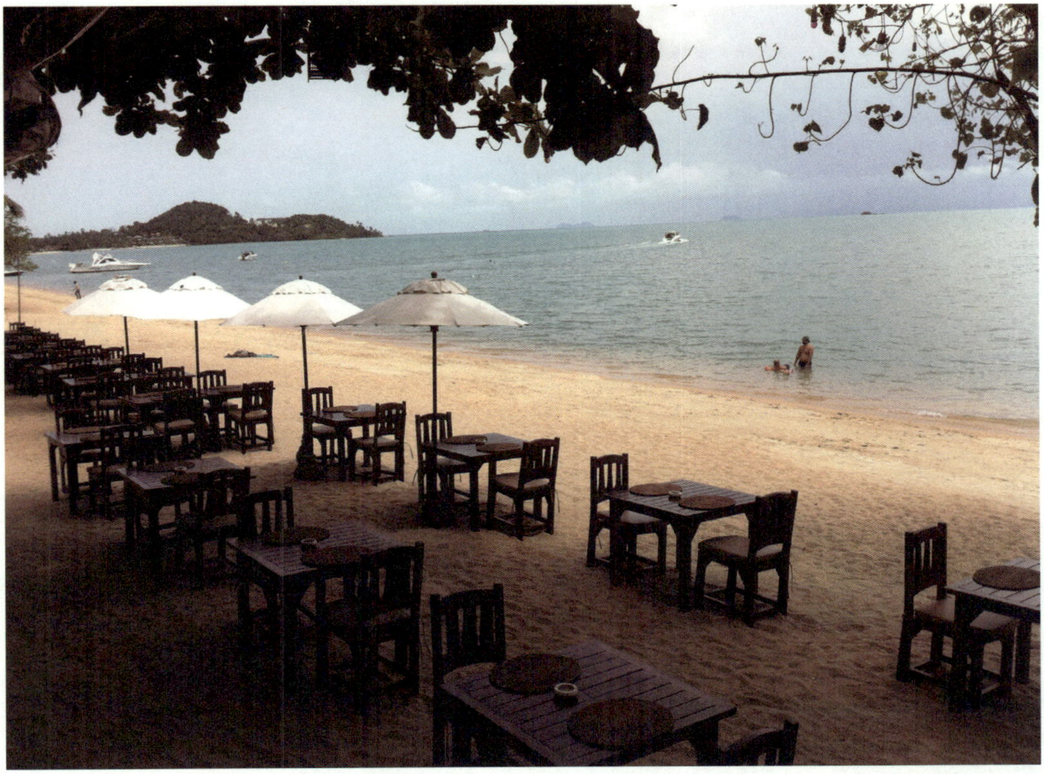

波菩海滩在苏梅岛上的诸多海滩中并不算大，但它的知名度却不小，因为这里完好地保存了旧时渔村风情，岛上最古老的定居点也在这里。漫步在沙滩上可以感受到寂静清幽的氛围，是游人休闲放松的绝佳地点，站在岸边向远方遥望，那海天一色的壮观景象，令人惊叹不已。附近的湄南村是一个古老的村庄，里面至今保存着许多渔村的传统建筑和生活方式，游客们在那里还能品尝到正宗的渔家美食。

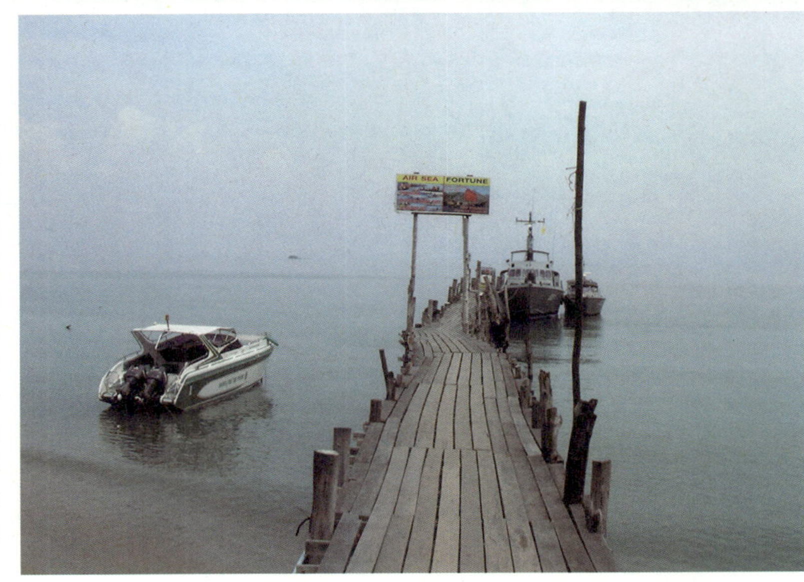

06 帕雅寺 75分!

苏梅岛上最著名的景点 ★★★ 赏

帕雅寺位于苏梅岛北部的大佛海滩边，是岛上最具欣赏价值的建筑景点之一，也是小岛的海上地标。高大的佛像通体金黄，能在阳光的照射下放射出耀眼的光芒，即使在很远的地方也能被人看到。漫步佛寺内可以看到精美的雕像，它们大都出自佛教典籍之中，有的是佛教里的神灵，有的则再现了神话故事中的著名场景。附近的集市上出售各种纪念品，同时还有当地的风味佳肴可供游客品尝。

Tips

Bo Phut, Ko Samui, Surat Thani 84140, Thailand

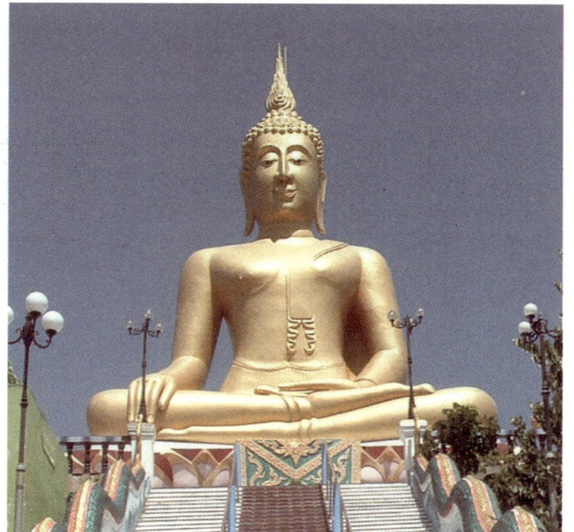

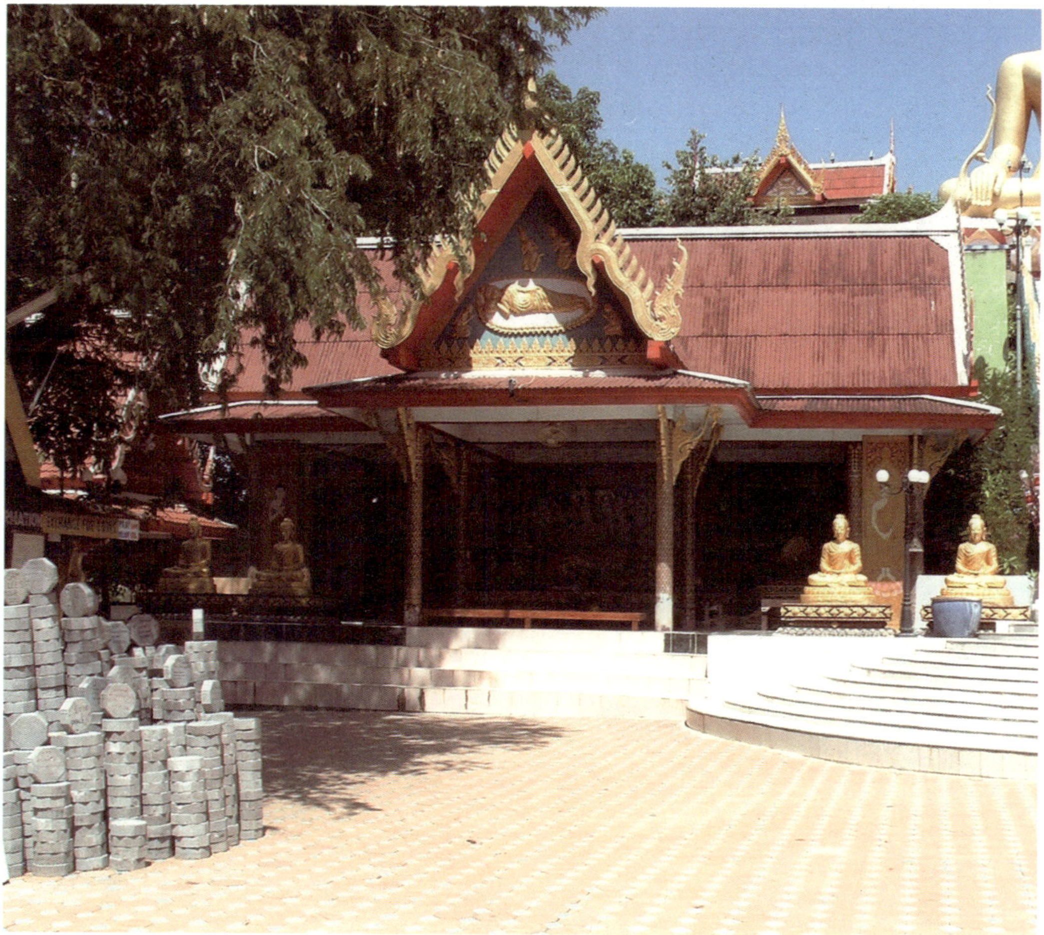

07 涛岛

闻名世界的潜水胜地

涛岛也叫龟岛，因为它外形酷似乌龟。这个小岛的面积只有21平方公里，孤立于珊瑚礁之上，从苏梅岛乘船前往也需要两个小时。这个偏僻小岛之所以能成为旅游胜地，源于这里保留了完整的珊瑚礁和丰富多样的海底生态系统，再加上透明度极高的海水，使这里成为世界知名的潜水胜地之一。在涛岛上，有数十家潜水公司可供选择，即使是初次接触潜水运动的新手，也能在经验丰富的潜水教练的指导下欣赏到水下的绝美风光，如果技术好，还可以在这里拿到潜水执照。即便不下水，在岸上领略典型热带海岛的风光，也是绝佳的享受。

从苏梅岛Nathon Ferry Pier码头、Mae Man Ferry Pier码头、Bo Phut Ferry Pier码头乘船即可到达

08 那通镇

苏梅岛上最繁华的地方

★★★★

那通镇是苏梅岛最为热闹繁华的城镇，它不仅是岛上的商业中心和行政中心，也是游人休闲购物的好去处。那通镇的交通极为便利，不仅有车通往岛上的各处景区，还有渡轮前往附近的小岛。漫步在小镇上可以看到悠然自得的岛民，也能看到步履飞快赶乘交通工具的游人，三五成群的游人在街边店铺里选购中意的商品，那些精美的手工艺品是作为纪念礼品的最佳选择。

09 纳挽和欣拉瀑布

气势雄伟的海岛瀑布

★★★★ 赏

苏梅岛上景色秀美，风景怡人，但也不缺乏气势雄伟的自然景点，纳挽瀑布和欣拉瀑布就是其中的佼佼者。欣拉瀑布的高度虽然只有20余米，但是气势极为惊人，奔腾而下的水流冲击水塘时发出的巨响，在数里之外仍清晰可闻，有兴趣的游客还可以在水潭的平静处畅游，这种体验是别处难以提供的。足有40多米高的纳挽瀑布是岛上最为雄伟的瀑布，但它也不乏各种秀丽的景观，附近的山崖林木葱茏，让人感觉如身处空山幽谷之中。

10 南园岛

探寻海底世界的好地方 ★★★★ 玩

南园岛是与涛岛齐名的潜水胜地，它的面积很小，是由三个小型珊瑚岛所组成，岛屿之间由沙滩相连接。乘船前往南园岛的时候，可以看见海水在不同区域内所展现出的各种色彩，岸边为清澈见底的透明，浅滩为绿色，近海处是浅蓝，深蓝色则是大洋的象征。这里的生态环境保存得很好，以珊瑚礁为核心的海底生态系统，具有无限的魅力。这个小岛是私人岛屿，虽然对外开放，但严禁游客携带可造成污染的塑料和铁制品。

Tips

从苏梅岛Nathon Ferry Pier码头、Mae Man Ferry Pier码头、Bo Phut Ferry Pier码头乘船即达

11 帕安岛

举行派对的好地方 ★★★★ 玩

帕安岛看似一个平凡无奇的岛屿，但它却是世界三大户外狂欢舞会之一的满月派对（Full Moon Party）的举办地，在背包族的心目中拥有很高的地位。这里每到月圆之夜就会举办盛大的露天狂欢舞会，来自世界各地的游客们在此聚集，充满激情与活力的音乐此起彼伏，给这里渲染出热闹喧嚣的氛围。

Tips

从苏梅岛Nathon Ferry Pier码头、Mae Man Ferry Pier码头、Bo Phut Ferry Pier码头乘船即可到达

12 恰莫海滩

苏梅岛上的名景

玩 ★★★★

位于苏梅岛北端的恰莫海滩一直是小岛最受欢迎的海滩之一，无论是当地的民众还是外地的游客都对这里倾心不已。海岸的椰林随风摆动，树下漫步的则是不同年龄的情侣，因为这片海滩是小岛最具浪漫气息的地域之一。恰莫海滩的海水纯净，是岛上最好的游泳区域之一，而它的沙滩柔软，是适合情侣们奔跑追逐、享受甜蜜爱情的好地方。

Tips
从那通镇乘TUTU车即可到达

13 邦考海滩

蝴蝶纷纷的海滩

玩 ★★★★

邦考海滩在苏梅岛上的诸多海滩上并没有特别出众的地方，但它却是当地最受欢迎的景点之一。漫步在海滩上除了游泳和享受日光浴外，还能前往附近的蝴蝶园，那里才是邦考海滩的魅力所在。蝴蝶园里鲜花盛开，一只只色彩斑斓的蝴蝶正在花丛中翩翩起舞，它们分属30多个不同的种类。这里还有专门的展览馆，里面陈列着各种蝴蝶的标本及相关资料，馆内同时还展出了其他珍稀昆虫的标本。

Tips
苏梅岛西南角 从苏梅岛Nathon Ferry Pier码头、Mae Man Ferry Pier码头、Bo Phut Ferry Pier码头乘船即可到达

14 安通国家海洋公园

以天然景观为主的海洋公园

安通国家海洋公园是泰国著名的海景公园，它包括有40多个大小不同的岛屿，因为人迹罕至的缘故，各处天然景观和野生动植物的保存极为完好。公园里有成片的红树林沼泽地，它们与大海相连，游人们乘船前行的时候可以清楚地看到海水色泽的变化，湛蓝色的咸水湖和充满神秘色彩的石灰溶洞是这里的两大名景。珊瑚礁石是这里的又一大景观，成群结队的海鱼在其中畅游。漫步在小岛上可以看到许多野生动植物，其中包括珍稀生物长臂猿和水獭。

Tips

Koh Samui, Koh Ang Thong, Surat Thani 从苏梅岛Nathon Ferry Pier码头、Mae Man Ferry Pier码头、Bo Phut Ferry Pier码头乘船即可到达 077-286025 1500泰铢

泰国
攻略HOW

Part.12
普吉岛

地处泰国南部安达曼海上的普吉岛是泰国最富盛名的旅游度假胜地之一，在普吉岛上拥有各式各样的海滩，即使夜幕降临后依旧灯火辉煌，可享受丰富多彩的沙滩夜生活。此外，普吉岛上还有各式钟乳石洞，洞内景观千奇百怪，被誉为泰国的珍珠。

普吉岛 特别看点！

第1名！ 芭东海滩！

100分！

★普吉岛上最著名的海滩，热闹的海滩！

第2名！ 芭东夜市！

90分！

★芭东海滩夜生活的重要一环，丰富多彩的夜生活！

第3名！ 攀牙湾！

75分！

★泰国的桂林，电影《007》的外景地！

01 攀牙湾 75分！

●●● 泰国的桂林

★★★★ 赏

攀牙湾位于普吉岛东北，这里曾经是著名电影《007》其中一部的外景地，因为这里风光秀丽，尤其是山水十分壮观，也常被人拿来和中国的桂林相提并论。这里遍布着很多岛屿，上面的奇山怪石变化多端，其中最著名的当属“大白菜石”，这块石头突兀地竖立在水中，整体为白色，顶上生长着很多绿色植物，远远望去真的好像一棵大白菜一样，像这样奇形怪状的石头这里还有很多，让人看了眼花缭乱。除了奇山怪石外，这里大片的红树林也十分罕见，乘坐小船穿越在树林之间，别有一番滋味。

Tips

普吉镇乘班车在攀牙府换乘快艇

02 幻多奇乐园

东方迪士尼

娱 ★★★★★

幻多奇乐园开业于1998年，很快就成为普吉岛上最具人气的景点。这里占地广阔，拥有小吃摊、购物街、餐厅、大剧院等现代化设施。尤其是这里的幻多奇剧场，每到晚上都会举行精彩的歌舞、魔术、杂技等表演，在奇幻的灯光等效果的映衬下，将人们带入一个魔幻的世界。特别是最后几十头大象一起登台演出，更是将表演推向了高潮。从剧院出来，迎接人们的还有飘着诱人香味的各种传统小吃，不光有泰国本土的，还有来自世界各地的特色小吃。所以这里也被泰国人当作自己的迪士尼乐园来看待。

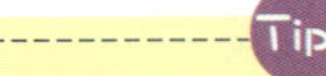

Tips

1 99 M3 Kamala Beach Kathu, Phuket , 83150 ☎ 076-271222

03 芭东海滩 100分!

普吉岛上最著名的海滩 ★★★★ 玩

芭东海滩是普吉岛上最著名的海滩，以开发完善、旅游业发达而闻名。这里除了最常见的各种海滩娱乐活动外，还有各种酒吧、餐吧、剧场和泰拳馆等设施，能让每一个人玩得尽兴。白天，游人们可以在这里潜水、游泳、晒太阳浴、坐香蕉船、滑帆板、乘游艇，在阳光之下尽情地戏水玩耍，而到了晚上，附近的邦古拉街上更是灯红酒绿，在这里能体验到最丰富的夜生活，吃喝玩乐，样样俱全。不过这里的物价都比较高，想要购物的人需要三思而行。

Tips
普吉岛西部 乘TUTU车可到

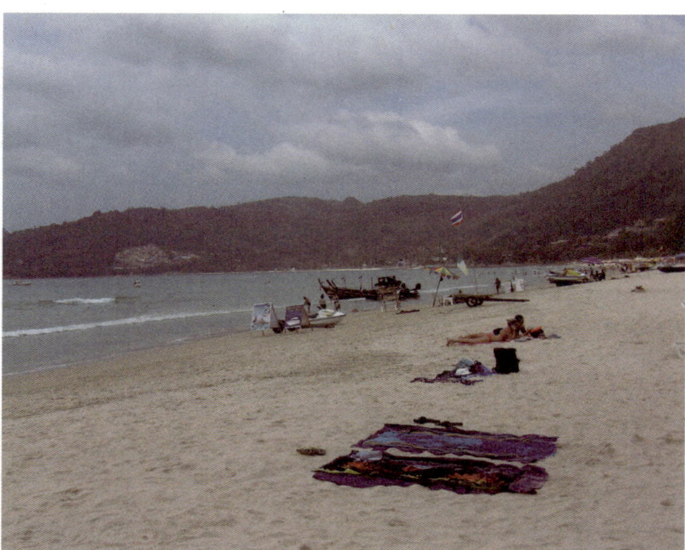

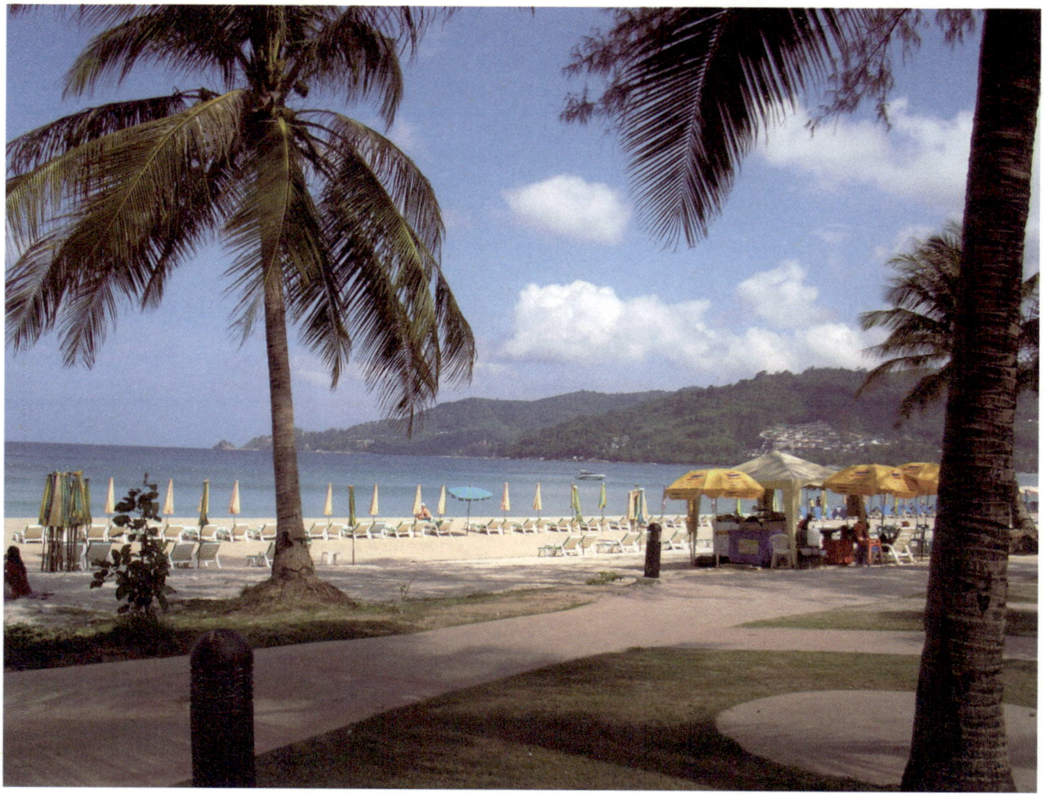

04 芭东夜市

90分!

芭东海滩夜生活的重要一环 ★★★★ 逛

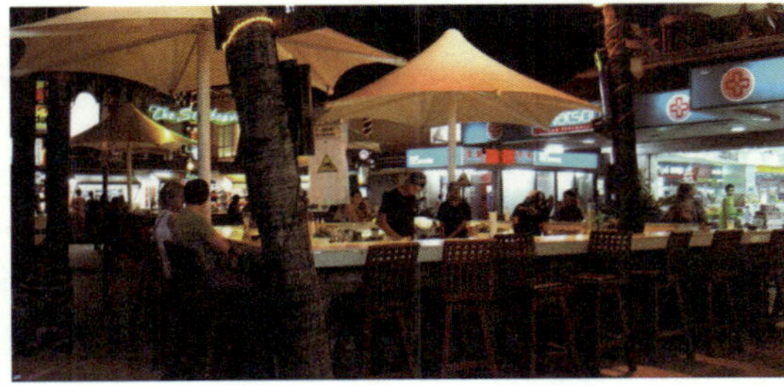

Tips

Patak Road, Karon Beach, Phuket,83100

芭东夜市是芭东海滩夜生活的重要一环，每到晚上，各种小摊就会搭起来，明亮的灯光将这里照得好似白昼一般。夜市里的东西也是丰富多彩，各种经典小吃自是不必说，只从那长长的队伍和弥漫的香味就能知道。各种销售泰国特产的摊位也是人气旺盛，价钱要比芭东海滩上的那些店家便宜好多，各种精美的泰丝、银饰、木雕等工艺制品是这里销量最好的货品，经常让那些来芭东海滩游玩的外国游客满载而归。

05 芭东佛寺

拥有神奇传说的佛像 ★★★★ 赏

Tips

普吉镇乘班车在塔兰下

芭东佛寺是普吉岛上历史最悠久的寺院，传统的泰式风格和金黄色的外观让这里显得庄严肃穆。佛寺里供奉着据说是普吉岛上最灵验的佛像，而这座佛像居然有一半身体埋藏在地下，十分神奇。据说古时候缅甸入侵普吉岛时，曾想盗走这座佛像，但是佛像却被一群黄蜂牢牢地保护住，使得缅甸人未能得手，这个脍炙人口的故事也为这座佛像增添了不少神奇的色彩，因此引来不少忠实信徒的膜拜，使得芭东佛寺香火旺盛，游人如织。

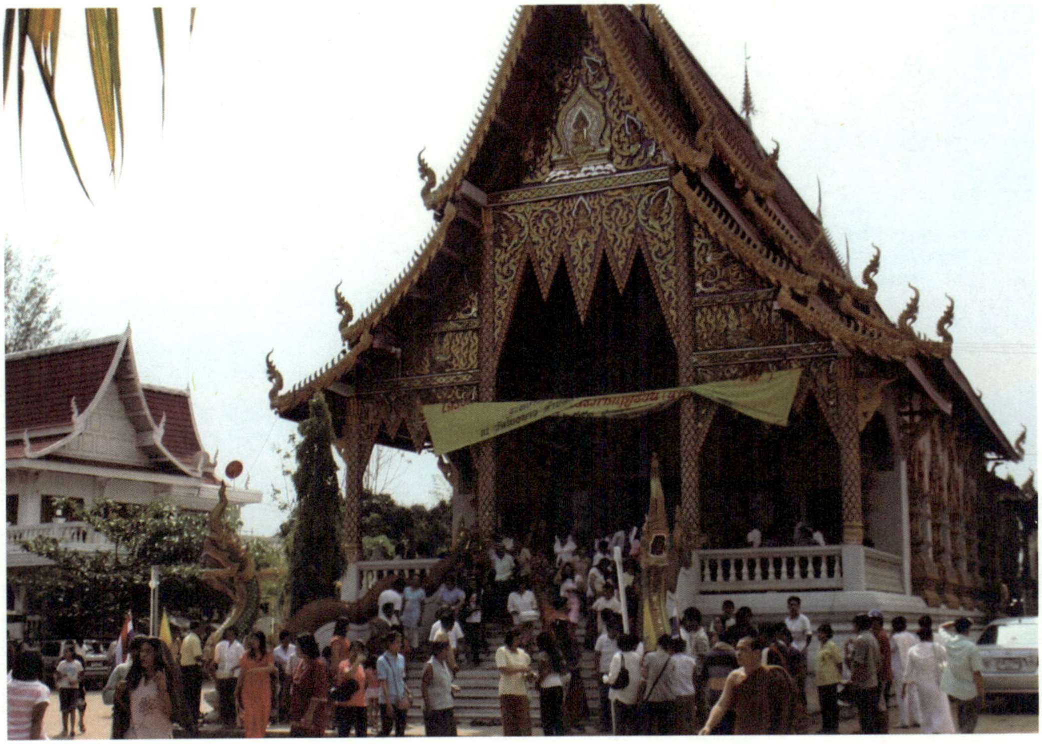

06 查龙寺

泰国唯一可以放鞭炮的寺院

★★★★ 赏

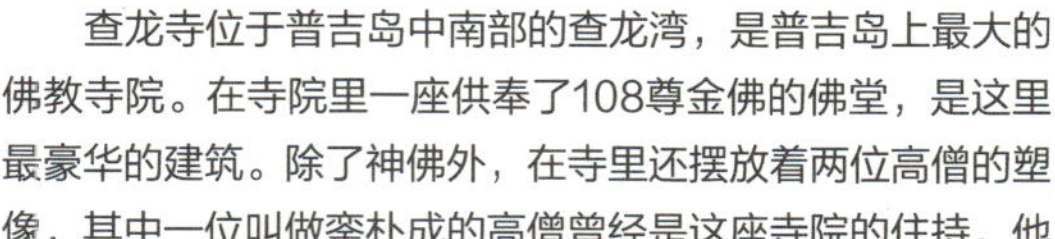

查龙寺位于普吉岛中南部的查龙湾，是普吉岛上最大的佛教寺院。在寺院里一座供奉了108尊金佛的佛堂，是这里最豪华的建筑。除了神佛外，在寺里还摆放着两位高僧的塑像，其中一位叫做銮朴成的高僧曾经是这座寺院的住持，他除了佛法高深外，还擅长医术，尤其接骨手法更是一流，因此被王室授予“特别圣职”的称号。普吉岛上华人众多，所以查龙寺还是泰国唯一一座允许放鞭炮的寺院，每到逢年过节的时候，这里响亮的鞭炮声也是当地一大特色。

Tips

Luang Pho Chaem, Chalong, Mueang Phuket, Phuket, 83130

07 卡隆海滩

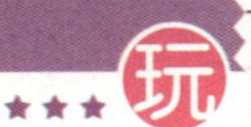

宁静自然的海滩 ★★★★ 玩

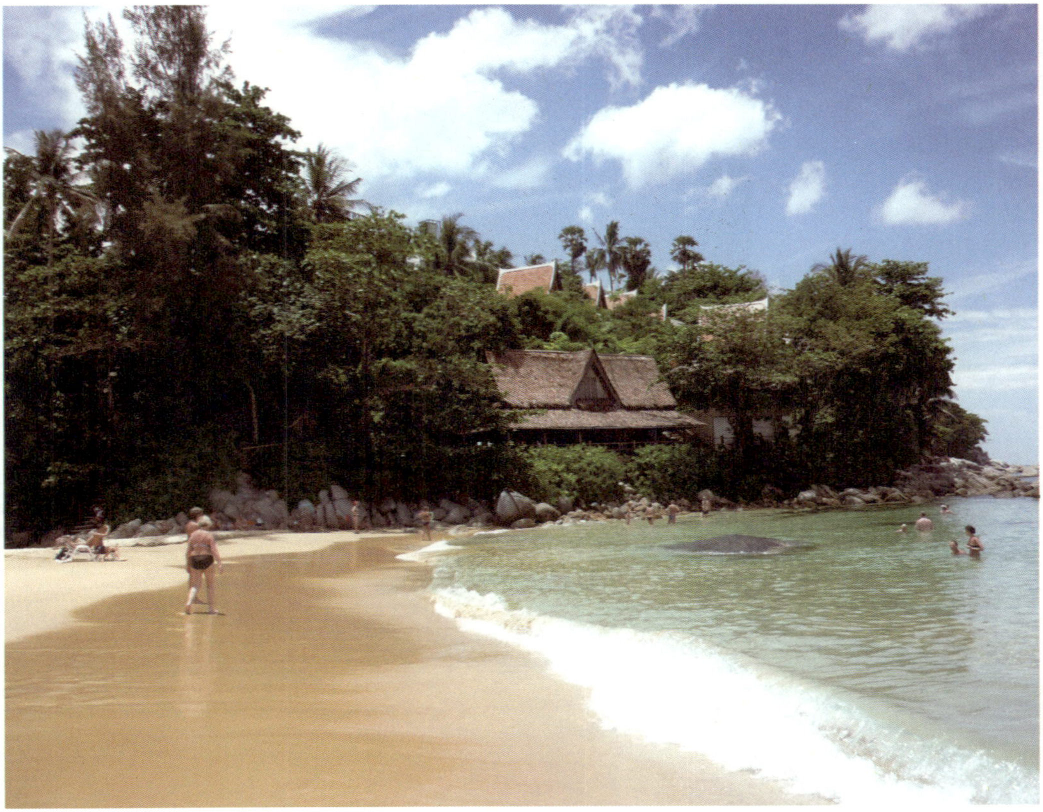

卡隆海滩是普吉岛上仅次于芭东海滩的第二大海滩，这里并不像芭东海滩那么喧闹，显得宁静而自然。这里的海滩几乎没有什么弧线，笔直地延伸到三公里开外，海滩上有一片茂密的松木林，林子前有很宽阔的区域，很适合人们休息放松。同时由于这里水情复杂，风浪较大，并不适合游泳，所以人们更愿意在沙滩上待着。这一带有很多不错的度假酒店、餐馆、酒吧等休闲设施，甚至还有画廊等，足以让人们享受各种休闲活动，商业气息也很浓厚。

Tips

普吉岛西部 乘TUTU车可到

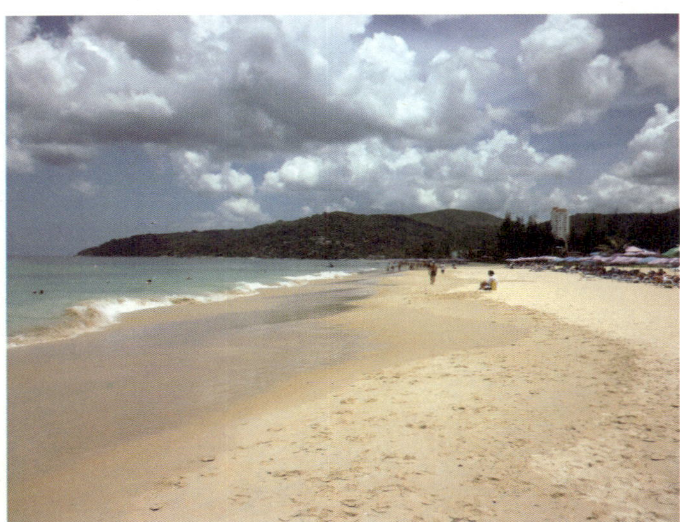

08 卡塔海滩 玩

欣赏日落的最佳地点 ★★★★

卡塔海滩比起芭东和卡隆海滩来要小了不少，但是这里有两处呈W形排列的小海湾，被人们称作大卡塔和小卡塔。卡塔海滩素以风平浪静、海水清澈见底而闻名，非常适合潜水与游泳，专门吸引那些喜欢安静的游客。这里没有很多大型的旅游酒店，只有一些出售小吃和日常用品的小摊，所以环境显得很干净。不过每天黄昏却是这里最热闹的时候，卡塔海滩是普吉岛三处欣赏日落的最佳地点之一。到了晚上，位于海滩南端的酒吧街开始营业，还能看到乐队的露天表演。

09 拉崴海滩 玩

野营烧烤的胜地 ★★★★

拉崴海滩位于普吉岛最南端，由于这里水浅而且珊瑚礁较多，很少有人在这里游泳，所以相对安静。不过这里却是普吉岛上最受人们欢迎的野营胜地，可以看到很多人在海滩旁的树林中进行野外烧烤等活动，各种烤肉的香味一直都在刺激着人们的味觉神经。泰国人通常都喜欢邀上三五好友，带上食材来到这里，再买上一些当地小贩出售的炭烤海鲜、青木瓜沙拉等，就能惬意地过上一天。此外这里还有长尾船出租，可以乘船饱览大海风光。

10 皇帝岛

仅次于普吉岛的游览胜地 ★★★★ 玩

Tips
查龙港乘快艇可到

皇帝岛距离普吉岛20公里，是除了普吉岛外，最受人们青睐的旅游胜地之一，和人声鼎沸的普吉岛相比，皇帝岛有着清静的环境和优美的自然风光，正是这里得天独厚的优势，使得它更受那些喜欢和大自然接触的人们的喜爱。岛上拥有一座大型度假村，在度假村开发的过程中很注重对环境的保护，仅砍掉了一棵树。这里的服务相对于普吉岛的大众化来说更显得高档豪华，颇受那些欧洲富人的青睐，所以皇帝岛的称呼也更加名副其实了。

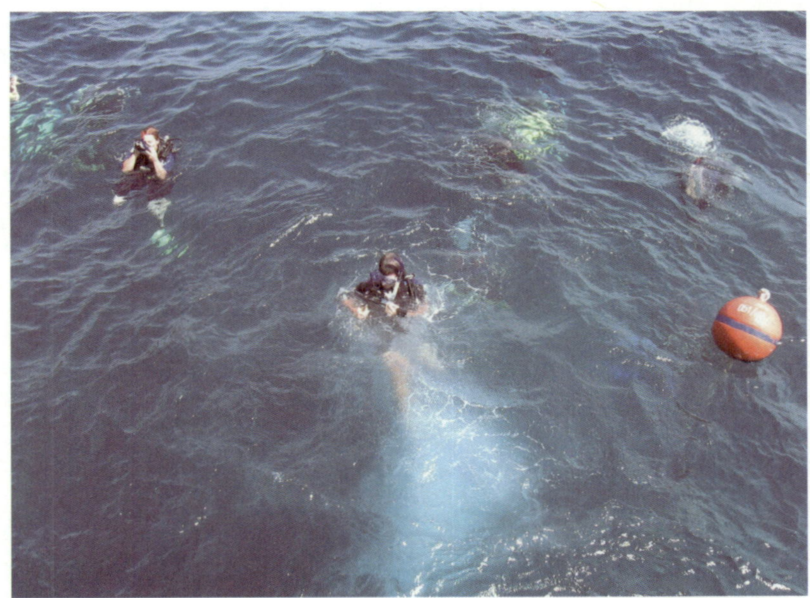

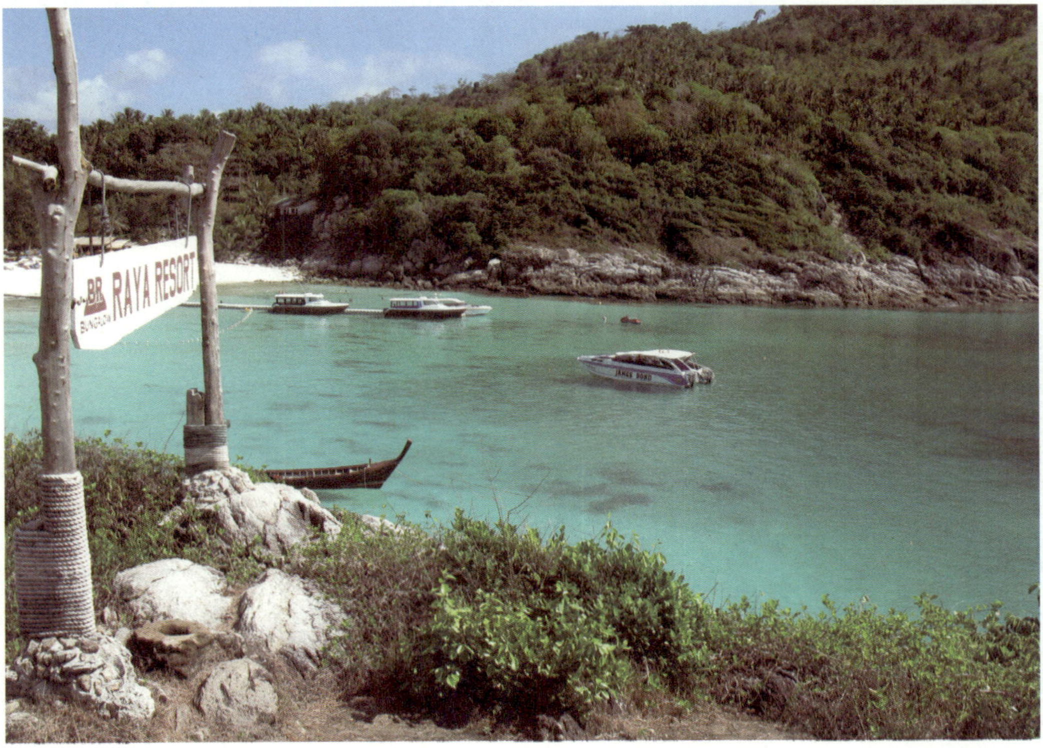

11 栲帕吊国家公园

浓郁热带风情的国家公园 ★★★★

栲帕吊国家公园是普吉岛上最重要的公园之一，这里保留着岛上最后一片原始热带森林，生长着很多人们平时见不到的热带动植物。尤其是有一种独有的棕榈树，叫做“Palm Lang Khao”，它的特点是叶子的背面是白色的，至今在其他地方均没有发现过。此外，这里的Bang Pae瀑布和普吉岛长臂猿饲养中心也十分出名，瀑布周围风景宜人，还时常有飞禽走兽出没，很具自然野趣。长臂猿也是这里的特色物种，人们还能去饲养中心花上1800泰铢领养一只。

Tips

Thep Krasattri, Thalang, Phuket, 83110

¥200泰铢

12 普吉镇

深受中国文化影响的小镇 ★★★★

Tips

从普吉机场乘班车或出租车在普吉镇下

普吉镇是位于普吉岛上的普吉首府所在地，早在泰王拉玛三世时期，大量的华工和马来西亚劳工涌入这里，进行锡矿的开采，因此也给这里染上了浓厚的中国色彩。在城中的甲米路和沙敦路交叉口处有一幢葡萄牙

风格的老房子，曾经是葡萄牙商务办事处，现在是老城区唯一保存完整的旧式建筑，人们能在这里看到当年葡萄牙殖民时期的风貌。在泰朗路和迪布街则有大量的华人旧居，尤其是有两座当年经营锡矿的华人富商的住宅非常著名。

13 西瑞岛

拥有丰富古迹的岛屿

西瑞岛是普吉岛周围面积较大的岛屿之一，大片的红树林与沙洲将它和普吉岛相隔开来。在岛上有很多古迹建筑，其中最显眼的当属一座倾斜的佛塔，在上面可以俯瞰整个岛屿及不远处的普吉岛的美丽景色。岛上另一大特色就是拥有一片普吉最大的“海上吉普赛人”村落，在这里可以感受到最本质的泰国民俗风情。此外，岛上的普吉水族馆也是非常值得一看的景点，里面可以观赏到各种具有当地特色的水生动物，很多漂亮的鱼类十分夺人眼球。

14 珊瑚岛

到处都是珊瑚礁的小岛

珊瑚岛位于普吉岛南部，从普吉镇乘船出发仅需15分钟就能来到这里。正如小岛的名字所示，这里周围被色彩缤纷的珊瑚礁所包围，自然风光瑰丽神奇，是普吉岛周围各个小岛中最受人们喜爱的一座。在岛上随处都能见到戴着面罩的潜泳爱好者和在海上自在穿梭的水上降落伞爱好者。海滩上一字排开很多沙滩椅，人们就在这里享受着和煦的阳光。这里的潜水服务很完备，从入门级的潜水教程到专业级的潜水运动应有尽有，能适合每一个游客。潜入湛蓝的海水中，和鱼儿嬉戏，在珊瑚丛中游泳，让人乐不思归。

泰国
攻略HOW

Part.13 皮皮岛

由北部的大皮皮岛和南部的小皮皮岛及周围4座小岛组成的皮皮岛以阳光、沙滩、大海和千奇百态的自然洞穴而闻名，到了夜晚这里的沙滩又被满天繁星覆盖，伴着轻柔的海风和波浪，充满浪漫情调，是泰国近年最热门的旅游度假胜地。

皮皮岛 特别看点！

第1名！ 大皮皮岛！

★旅游业极发达的岛屿，碧蓝海水与洁白沙滩！

第2名！ 小皮皮岛！

★地势险要的岛屿，莱昂纳多主演的《海滩》外景地！

第3名！ 竹子岛！

★搜寻美丽非凡的珊瑚，色彩艳丽的海滩！

01 大皮皮岛 100分！

旅游业极发达的岛屿 ★★★★ 玩

皮皮岛是位于普吉岛附近的一处岛屿，由大小两座岛组成，其中北边较大的一座被称为大皮皮岛。这座岛的样子就好像一个哑铃，两头是浓密的森林，中间则被两个月牙湾所包围，留下一处极窄的部分。岛上旅游业极为发达，到处都能看到旅馆、商店、酒吧等休闲场所。在大皮皮岛上，滑水、潜水、游泳、独木舟等海边活动自然是必不可少的，这里海水清澈，可以直接用肉眼看到水下的情况，各种鱼儿在珊瑚之间游来游去，运气好的话还能在海滩上捡到漂亮的珊瑚。

Tips

普吉镇或甲米乘船在皮皮岛下

必玩01 通赛湾

大皮皮岛最热闹的地方

通赛湾是所有来大皮皮岛游玩的人们第一个抵达的地方，这里拥有岛上唯一的码头。正因为得天独厚的地理条件，这里拥有很多档次很高的酒店、旅馆等设施，一到晚上就成为了灯红酒绿的花花世界，随处都是飘散着诱人香味的大排档，非常热闹。

必玩02 罗达拉木湾

安静祥和的海湾

罗达拉木湾位于大皮皮岛的中段，和通赛湾遥遥相望，但是这里却没有通赛湾那样的热闹景象，有的只是静谧的沙滩和海水，正是那些喜爱安静、崇尚自然的人们的大好去处。这里最大的特色就是生活着很多猴子，它们胆大不怕人，经常围着人们讨要食物，也会给人们带来很多麻烦。

02 小皮皮岛

90分!

玩 ★★★★

地势险要的岛屿

Tips

普吉镇或甲米乘船在皮皮岛下

小皮皮岛位于皮皮岛两座岛屿的南侧，因为这里悬崖峭壁较多，地势险要，以前很少有游人光顾，因此也最大程度地保护了这里的自然风貌。岛上有不少溶洞，里面怪石嶙峋，还有很多古老文明在这里留下的壁画等印记。这里也曾经是海盗们栖息的场所，从而留下了很多传奇故事。随着好莱坞影片《海滩》在全球热映，这里也随之成为热门的旅游景点，不过当地政府为了继续保护这里的环境，只开放了小部分地区观光，但也足够让人们了解岛上的绚丽风光了。

必玩01 玛雅海湾

著名电影的外景地

玛雅海湾是著名的好莱坞电影《海滩》的外景地，至今还留着当年拍电影时所搭建的场景。这里是一个三面环山的内湾，因此风平浪静，十分适合旅游。海水的清澈度之高也令人惊叹，肉眼就能看到鱼儿们在水下畅游，让人惊叹不已。

必玩02 维京洞穴

各种精美的壁画

维京洞穴是目前小皮皮岛上对外开放的少数几个景点之一，这里曾经是安达曼海盗的基地，也被称作“海盗洞”。在洞里有很多描绘精致的壁画，内容多为各种船只的图样。除了壁画外，在洞里还生活着很多燕子，使得这里成了重要的燕窝产地。

03 莱雷海滩

泰国的攀岩运动发源地

莱雷海滩主要分为东莱雷、西莱雷以及帕囊三个部分，最初这里还是不为人知的一处荒滩，直到一位攀岩爱好者来到此地，发现这里的地形非常适合攀岩运动，所以它的名字才传播开去。不久这里开办了泰国第一家攀岩学校，这里逐渐成为泰国最著名的攀岩胜地。只要天气好，就能看到海滩的岩壁上有很多在挑战大山的人群。此外，在莱雷海滩的帕囊海滩上还有一处石灰岩洞窟，里面有一座海之女神的塑像，是当地人祈求出海平安而立的。

04 竹子岛 75分!

搜寻美丽非凡的珊瑚 ★★★★ 玩

Tips
大皮皮岛北部 乘快艇可到

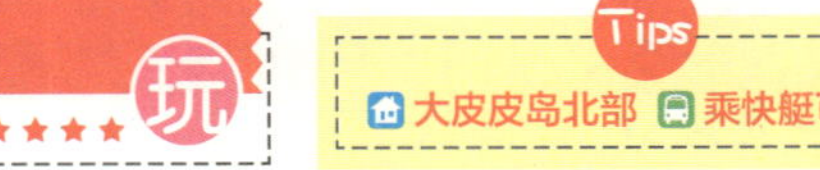

竹子岛也名百岛，位于大皮皮岛北部，是一个无人居住的离岛。由于这里到处都是茂密的竹林，所以被人称作竹子岛。在岛的南部有大量的珊瑚礁，每一次涨潮都会在海岸上留下很多珊瑚的残骸，运气好的话可以捡到很漂亮的珊瑚。由于海下珊瑚礁众多，潜水也就成了这里的主要服务项目，吸引了很多潜水爱好者前来，在这未知的世界里探险。岛的东部和北部是漫长的沙滩，沙质细软，很少有石头等杂质，让人感觉相当舒服。而且这里阳光充足，是日光浴的绝佳地点。一边晒着太阳，一边看着澄净的海水，真是一种说不出的享受。

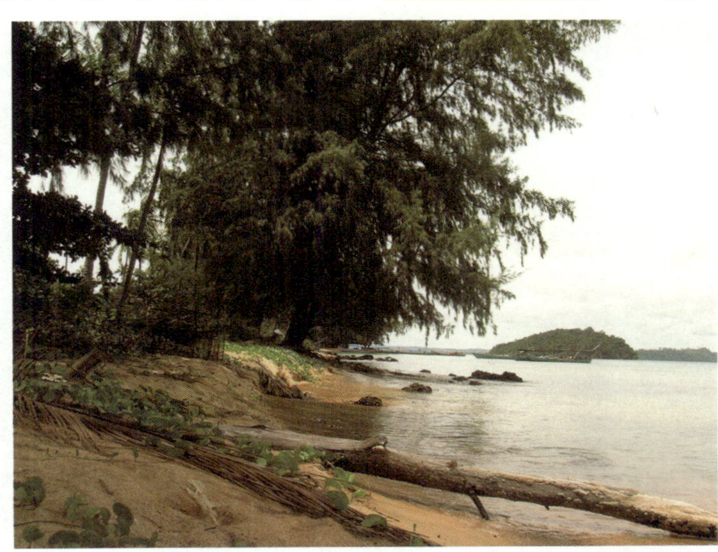

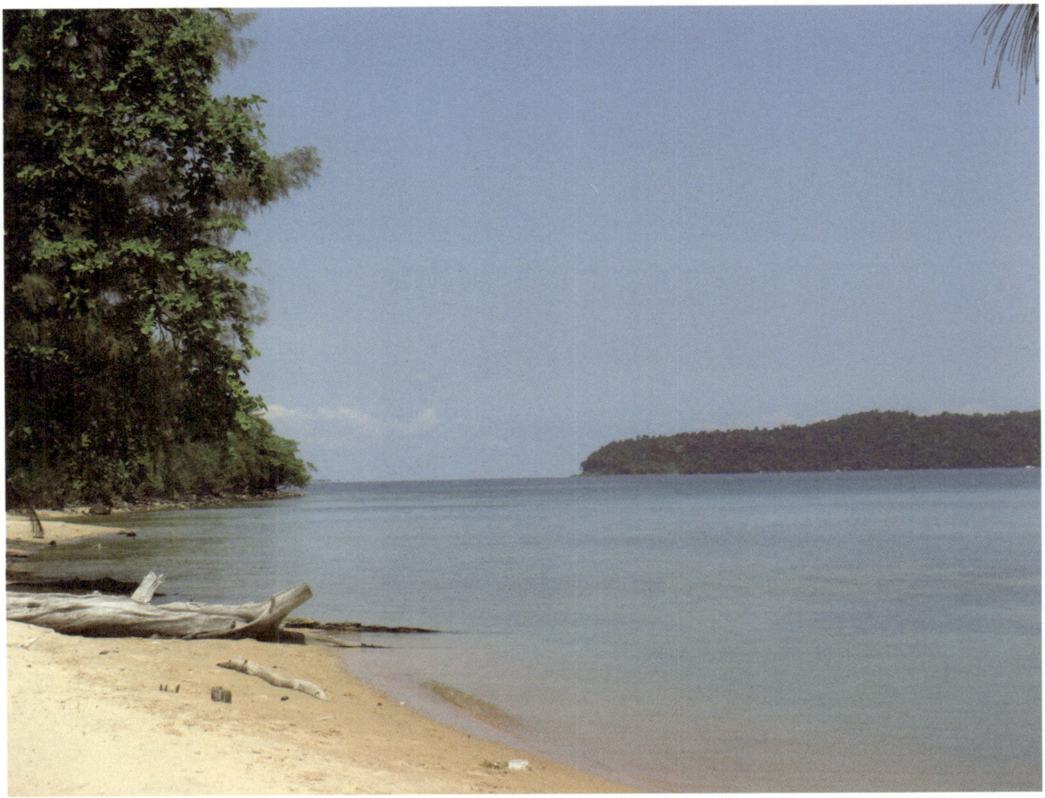

05 蚊子岛 玩

●●● 皮皮岛上最美的珊瑚礁 ★★★★

Tips
大皮皮岛北部 乘快艇可到

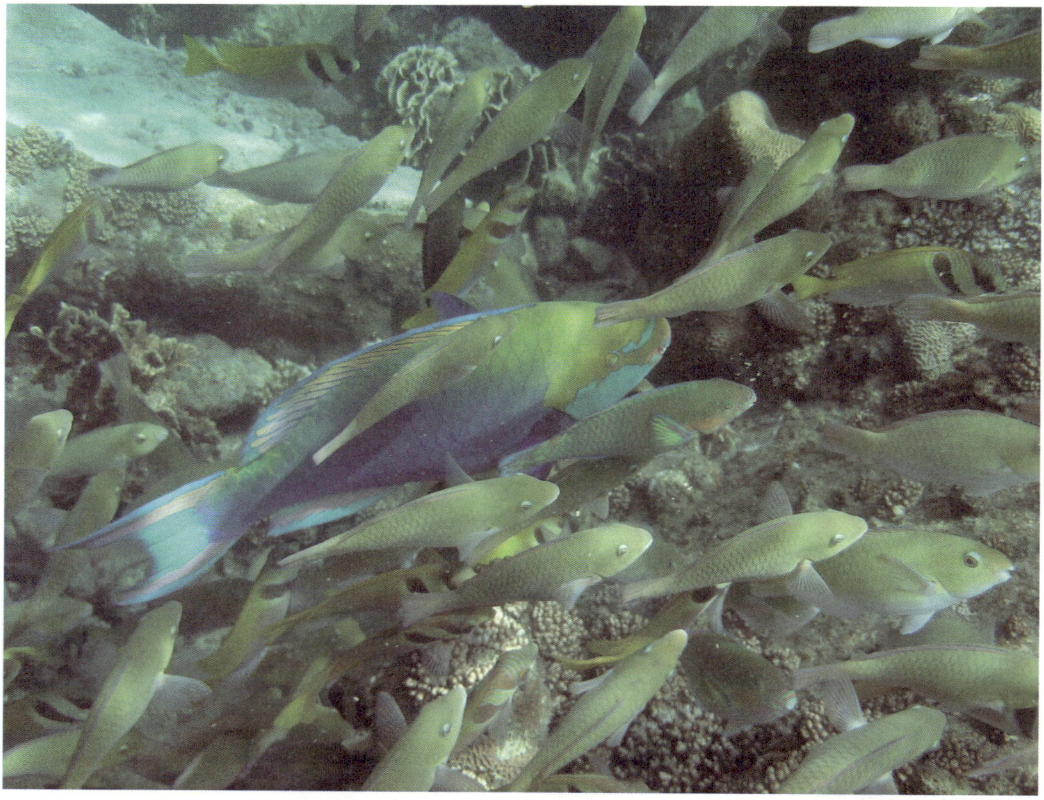

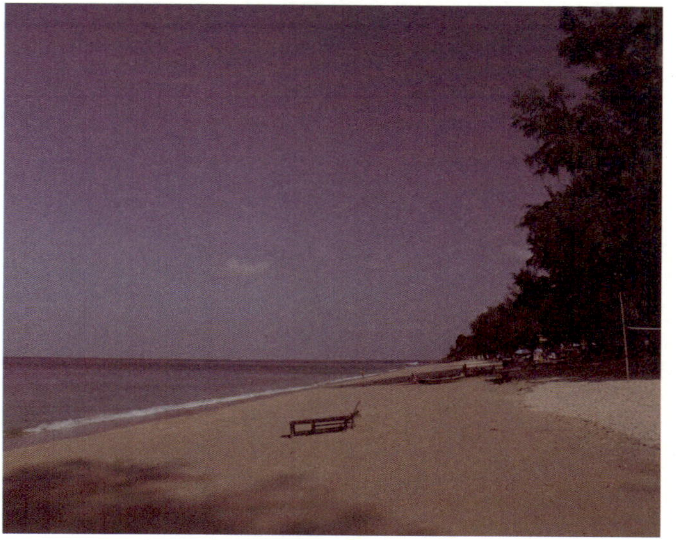

蚊子岛是大皮皮岛北部的一个离岛，也称作“荣岛”。岛如其名，上面蚊子极多，所以去之前要做好必要的防护才行。蚊子岛上的海滩并不大，但是很精致，被周围的高山围绕在中间，形成了一个天然的潜水胜地。这里海水清澈，透过海水可以看到一条条鱼在一座座珊瑚礁中间来回穿梭。蚊子岛的珊瑚礁是出了名的漂亮，在水下四五米处就能看到一簇簇的珊瑚丛。在这里可以进行水下浮潜，体验一下在珊瑚群里玩耍的感觉。除了珊瑚，水下还有海胆和海参，这些却是潜水者需要小心的生物。蚊子岛与周围的竹子岛和大皮皮岛一起组成了一个很有特色的景区，无论是谁在这里都可以玩得很尽兴。

06 甲米镇

●●● 面向大海的门户 ★★★ 逛

Tips

曼谷南部巴士站乘长途巴士在甲米镇下

甲米镇是前往皮皮岛和普吉岛这些岛屿的门户，随着这些岛屿旅游热的不断升温，这座小镇也变得人声鼎沸，客流汹涌。不过这里可不光只是一个旅游中转站，小镇里传统的泰式风光也是很吸引人的。在这里有不少传统的泰国建筑，散发着浓郁的泰国风情，这里的村民也都保持着一贯的传统生活方式，一点也没有受到外来游客的影响。正如镇中的甲米河依然静静地流淌一般，这里那安静祥和的氛围也备受人们推崇。

07 高番本查国家公园

●●● 看各种野生动物 ★★★★ 赏

高番本查国家公园是一座拥有丰富的自然资源的公园，这里临近甲米镇，交通非常便利，因此迎来了很多游人。公园占地50多平方公里，拥有大片的绿色森林，高大的乔木和低矮的灌木相映成趣，各种野生动物在这里自由穿梭，尤其是当中有很多猴子，它们或是在树间跳跃活动，或是来向人们索取食物，很是活跃。人们还能在这里享受和大象互动的乐趣，与憨厚老实的大象在一起活动，感受自然的乐趣，是每个人来高番本查国家公园最喜欢做的事情。

Tips

170 Mu 4, Tumbol Tubprik ,Amphur Muang , Krabi, Krabi, 81000 ☎ 075-660716

08 奥南海滩

玩 ★★★★

甲米镇最大的海滩之一

奥南海滩是甲米镇附近最大的海滩之一，这里旅游业十分发达，生活设施齐全，出行便利。白色的沙滩在脚下一直延伸到远处的石灰石山下，因此吸引了不少欧洲来的游客，使得这里更像是一座地中海边的小镇。沙滩旁各种充满泰国传统风格的旅社并排而立，里面可以享受到各种泰式按摩、spa等健身项目，还能去海里和大自然游戏一番，不管是捕鱼捉虾，还是潜水看景，每个人都能享受到最好的服务与最大的乐趣。每当夕阳西下，金色的阳光洒在沙滩上，更为这里增添了不少浪漫的情愫。

Tips

Ampur Muang, 142 Moo -2 Ao Nang, Krabi, 81000 ☎ 075-637766

09 兰达岛

●●● 泰国南部著名的国家公园 ★★★★ 玩

Tips
甲米镇最南端 乘快艇可到

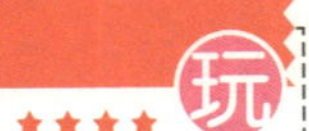

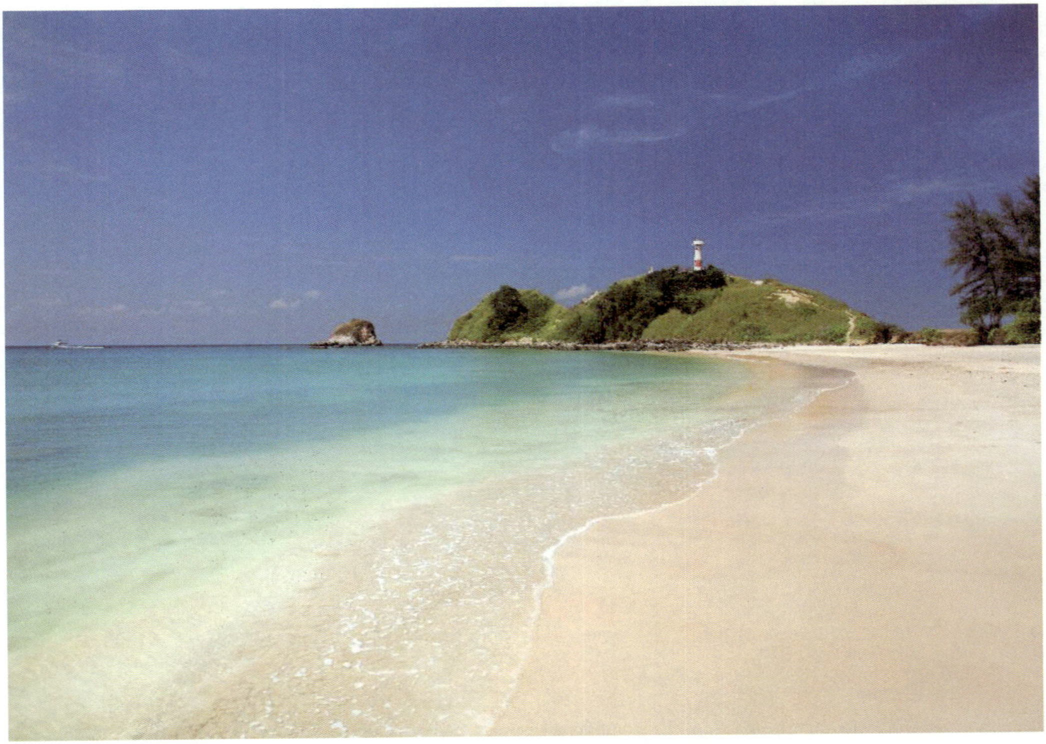

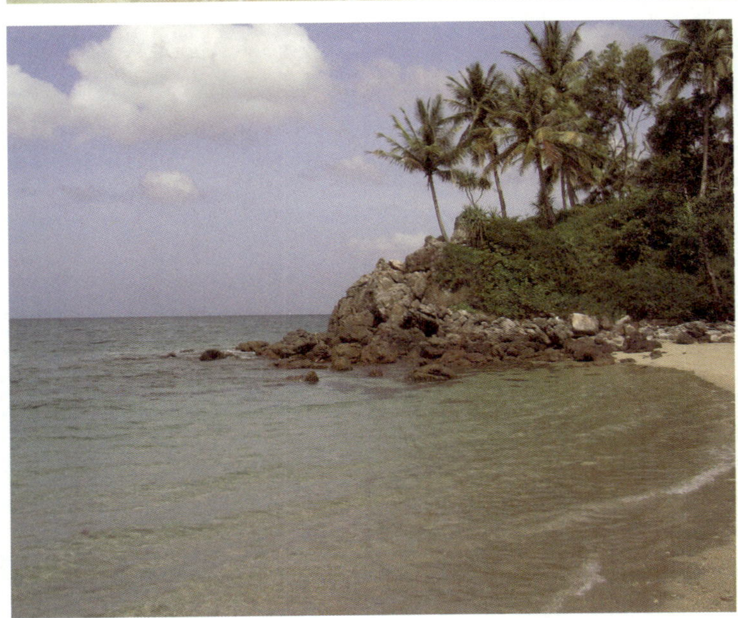

兰达岛位于甲米镇的最南端，被一片珊瑚礁围绕着，和周围几个小岛共同形成了兰达群岛国家公园。兰达岛地形开阔，海水清澈，而且水下有很多珊瑚礁，极其适合潜水。水下鱼类也很多，把面包屑撒进海里就能看到很多鱼儿浮上来争夺食物。各种岩洞、瀑布、热带森林构成了这个美丽的岛屿，人们不知不觉就会把大量的时间花费在这座岛上，而且会有意犹未尽的感觉。岛上有多家高级度假酒店，它们大多利用了岛上秀美的风光，把华丽的酒店和岛上的景色融合在一起，再加上各种丰富多彩的活动，可以满足每一个游客的游玩欲望。

泰国
攻略HOW

Part.14 泰国其他

泰国其他 特别看点！

第1名！ 素可泰遗迹公园！

100分！

★泰国古都的遗迹，泰国第一个王朝的首都！

第2名！ 席撒查那来遗迹公园！

90分！

★各种寺庙遗迹，不同时期的佛教建筑！

第3名！ 宋卡湖！

75分！

★东南亚第二大湖，风景优美的湖泊！

01 素可泰宋卡洛瓷器博物馆

展示泰国经典的宋卡洛瓷器

★★★★ 赏

位于素可泰的宋卡洛是泰国著名的瓷都，这里出产的瓷器世界闻名。这里的烧瓷方法是在宋朝时从中国传入的，陶瓷器皿主要以绿色为主，并按照绿色的程度分成好几种。宋卡洛瓷器博物馆就是收集并展示宋卡洛瓷器的精华的地方，这里陈列了很多泰国兰甘亨大王时期的精美陶瓷器，这些瓷器颜色纯正，造型精美，具有极高的艺术价值，可以说是宋卡洛瓷器的最高峰作品。

Tips

10 Moo 4, Tambon Banlum,Amphur Muang, Sukhothai ,64000 ☎ 055-614333

02 素可泰遗迹公园

100分!

赏 ★★★★

泰国古都的遗迹

素可泰是泰国首个王朝素可泰王朝的首都，这里历史悠久、史迹丰富，由于古代的战乱和天灾，这些史迹如今已经成了遗迹。在素可泰旧城区的中央，集中着大量的历史遗迹，建成了素可泰遗迹公园。公园是素可泰历史的集大成体现。公园入口附近的兰甘亨博物馆详细记载了素可泰的历史，还珍藏了不少素可泰时期的出土文物和雕刻，是人们整体了解这段历史的最好去处，也是参观公园的最佳起点。遗迹公园里有大量的佛寺、佛塔和宫殿遗址，建筑宏伟，气势非凡。公园四处都是佛祖的坐像，可见当年泰国人对佛教的崇敬。这里也是当年素可泰王朝辉煌繁荣的印证。

Tips

Mueang Kao, Muang Sukhothai, Sukhothai, 64210 ☎ 055-697310

03 席撒查那来遗迹公园

90分!

各种寺庙遗迹

★★★★ 赏

席撒查那来遗迹公园距离素可泰遗迹公园约2公里，这里是素可泰历史的另一个集中地。席撒查那来遗迹公园以古代寺庙为主。公园的中心是昌隆寺，这座有800多年历史的古寺的最大特点就是正殿后的塔下有39座大象雕塑，大小比真的大象还要大，让人叹为观止。昌隆寺对面则是7排塔寺，寺里一共有7排33座塔，每座塔的风格各不相同，最中间的主塔“含苞莲花塔”最为精美，宛如一支含苞待放的莲花，而且它的材料竟然是铁矾石。除了寺庙，公园也展示着大量精美的宋卡洛瓷器，这些瓷器不禁使游人遥想当年兰纳王朝时期素可泰繁荣的盛景。

Tips

Si Satchanalai, Sukhothai ,64190

必玩 昌隆寺

巨大的大象雕塑

昌隆寺是席撒查那来遗迹公园中历史最悠久的寺庙之一，距今已经有800多年历史，在这座寺庙里有39座巨大的大象雕塑，每一座都要比真实的大象更大，而且雕刻细致，栩栩如生，堪称泰国古代佛教造像艺术的最高杰作。

04 美斯乐

泰国北部的华裔村

★★★★ 逛

Tips
Amphoe Mae Fah Luang

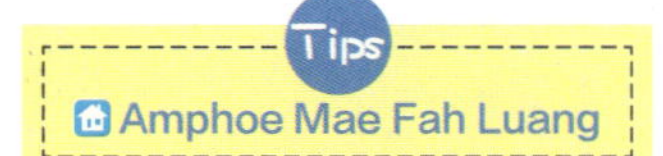

美斯乐位于泰国北部山区，它在泰国人的口中有很多别称："泰国的云南村"、"泰国的春城"、"泰国的小中国" 等等，无论哪一种称呼，都赋予了美斯乐很强烈的中国情缘，因此格外受中国游客的关注。美斯乐村由当年中国国民党军队残部所建立，他们大多祖籍云南，现在这里的居民也大多可以用汉语和游人交流。由于地处1300多米的高山上，气候宜人，四季如春，有得天独厚的地理条件，所以这里出产高级的乌龙茶，村里也有很多茶叶商店和作坊。美斯乐牌的茶叶在全泰国都非常有名，因此吸引了无数人来这里品尝乌龙茶。随着大批游客的到来，美斯乐人也开始经营饭店、旅馆等旅游项目，小山村逐渐变得热闹起来，但是唯一不变的是浓浓的中国风情和居民们的中国传统。

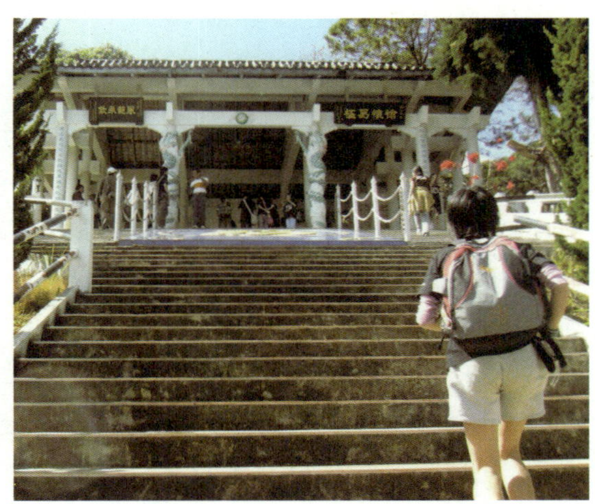

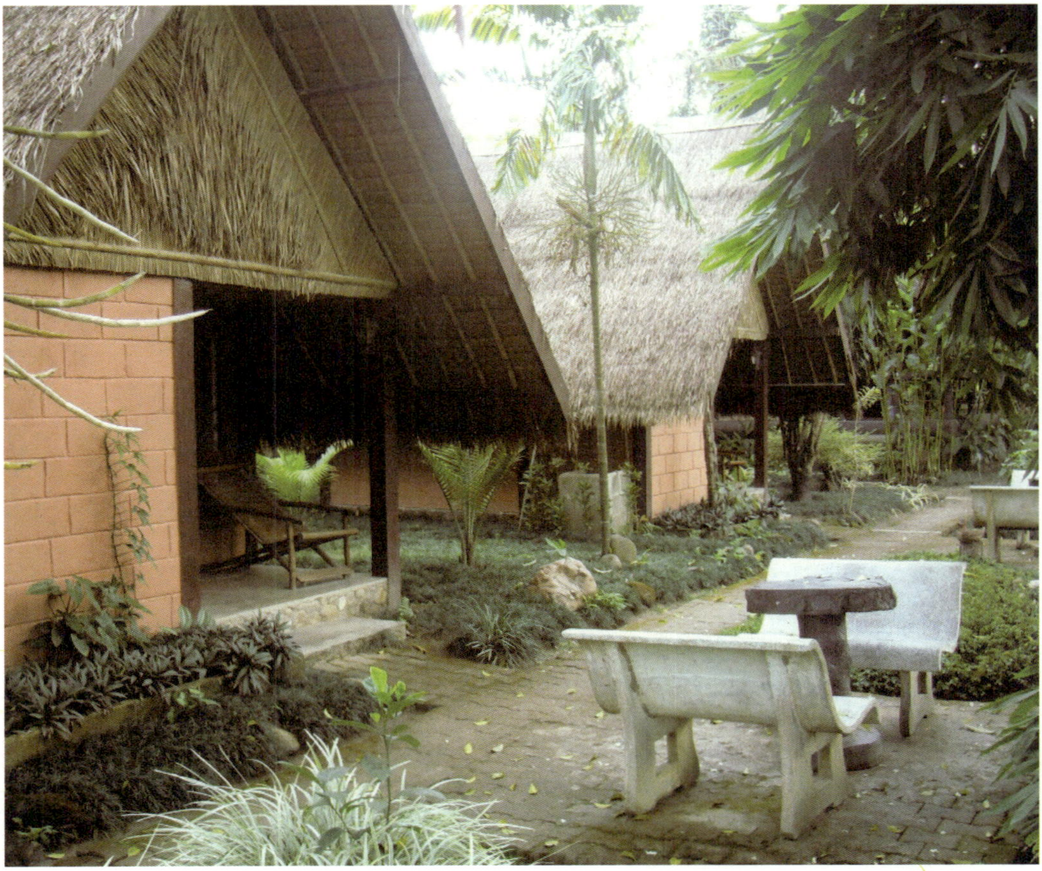

必玩01 泰北义民文史馆

泰北移民们的历史

泰北义民是泰国一个特殊的人群，这是对当年逃入泰国境内的国民党部队的后代的称呼，这座文史馆就记录了泰北义民们在泰国的历史，通过各种文史资料和图片等，记录了这些海外游子在泰国开创自己生活的过程，让人们更能深入了解这群人现在的面貌。

必玩02 段希文将军墓

纪念美斯乐的开拓者

段希文将军是指挥建设美斯乐的人，在美斯乐人们的心目中具有崇高的地位。墓地建在美斯乐中心的高山之上，可以俯瞰整个美斯乐村。墓的主体是一座白色的亭子，亭子里安放着大理石制成的石棺，周围墙上挂了段将军各个时期的照片。这座墓地一年四季香火旺盛，是美斯乐人心中的神圣之所。

05 宋卡湖 75分!

东南亚第二大湖 ★★★★ 赏

宋卡湖位于泰国南部，马来半岛东岸，是整个东南亚地区的第二大天然淡水湖，也是泰国唯一的天然湖泊。湖口和大海相连，因此这里盛产各种淡水和咸水鱼类，渔业非常发达。长尾船是这里的特色船种，游人可以乘坐这种船进入湖中游玩。湖中有数百个岛屿，包括猫岛、鼠岛、KO YO岛等。这些岛上盛产燕窝，因此很多当地人以采集燕窝为生，岛上还有大片的水果种植园。湖的四周都是自然公园，种植着大片的棕榈树和漆树，四季常绿，映照着湖水的粼粼波光，十分漂亮。湖的北端还种植着大片的莲花，每当花期，优雅的莲花给风光旖旎的宋卡湖平添了更多神圣的色彩。

06 汀那苏拉农桥

连接海岛和宋卡湖两岸的大桥 ★★★

汀那苏拉农桥是泰国最长的混凝土桥，这座桥主要分为两段，一段连接Ko Yo岛和宋卡海岸，另一段横跨整个宋卡湖，是当地最重要的交通枢纽。开车在桥上观光是一种很好的选择，在这里能看到宋卡湖中点点风帆，能遥望各个岛屿上的森林果树。尤其是到了晚上，大桥两侧会亮起美丽的灯光，人们就好像在天桥上驾驶一般，别有一番美妙感觉。

07 Ko Yo岛

内涵丰富的岛屿 ★★★

Tips
乘小公共汽车在Ko Yo岛下

Ko Yo岛是泰国南部宋卡府外海的一座岛屿，通过大桥和大陆相连，这里是泰国最著名的棉织物产地，这里出产的棉织物不仅价廉耐用，而且样式美观，是泰国最有特色的土特产品之一。同时在岛上盛产一种菠萝蜜果，这种水果味道甜美，是当地最著名的美食。可见这座小岛虽然面积不大，但是内涵却十分丰富，是各方游人不容错过的上佳目的地。

08 阿卡与长颈村

泰北少数民族的独特风情 ★★★★

Tips
清莱最北方

位于泰国北部的阿卡与长颈村是泰国两个重要的少数民族阿卡族和长颈族的聚居地。其中阿卡族因为常食槟榔，所以牙齿被染黑，也有黑齿族之称。而长颈族则是从小在脖子上佩戴铜环，导致骨头被压迫使得颈部显得越来越长，因而得名。在这里人们可以看到这两个少数民族传统的民居，还能买到当地人亲手制作的工艺品，体验当地的少数民族民俗。

09 Ban Chiang国家博物馆

泰国东北部的重要历史遗迹 ★★★★

Tips
Ban Chiang，Nong Han 042-208340 30泰铢

位于乌隆他尼郊外的Ban Chiang国家博物馆是泰国东北部乃至整个东南亚地区重要的历史遗迹，通过考古发掘证实其存在于大约5000年前，在1992年被联合国教科文组织列为世界历史遗产遗址，并修建有一座三层博物馆展出遗址发掘出土的重要文物。

10 宋卡国立博物馆

感受中国文化给泰国的影响

★★★ 赏

宋卡国立博物馆建造在过去宋卡府尹吴让的府邸之上，因为吴让是中国人，所以这座建筑有很浓郁的中国风格，红墙白瓦，飞檐斗拱，十分壮美，体现了华人对泰国的深刻影响。在这座博物馆里陈列的文物时间跨度超过1000年，展现了宋卡府悠久的文明。这里的镇馆之宝当属在北大年府出土的一座印度教大神湿婆的“林迦”像，这也证明了古印度对这里的深远影响。

Tips

Wichian Chom, Bo Yang, Muang Songkhla, Songkhla, 90000 ☎ 074-311728

11 撒米拉海滩

水晶一般美丽的海滩

★★★★ 玩

Tips

Bo Yang, Muang Songkhla, Songkhla, 90000 ☎ 074-322034

撒米拉海滩是宋卡府最富盛名的海滩，曾经作为海盗的据点而被人们谈之色变。在沙滩上矗立着的巨大美人鱼青铜像是这里的标志，美人鱼铜像附近的猫鼠塑像则更是讲述了一个神奇的童话故事。在这些塑像周围是一望无际的雪白沙滩，这里的沙质细软，踩在上面感觉很舒服。迎着海风漫步在沙滩上，浓浓的浪漫情怀让人难以自拔。

12 乌隆他尼博物馆

了解乌隆他尼的历史

★★★★ 赏

由乌隆他尼总督Chaiporn Ratananaka先生创建的这座博物馆以介绍乌隆他尼当地历史、文化、自然科学和民俗风情为主，馆内收藏展示有大量乌隆他尼当地出土的文物，以及当地艺术家的作品等，游人在此可详细了解乌隆他尼地区的历史与民俗文化。

索引 INDEX

泰国攻略

考拉旅行书目，带您乐游全球！

攻略系列！

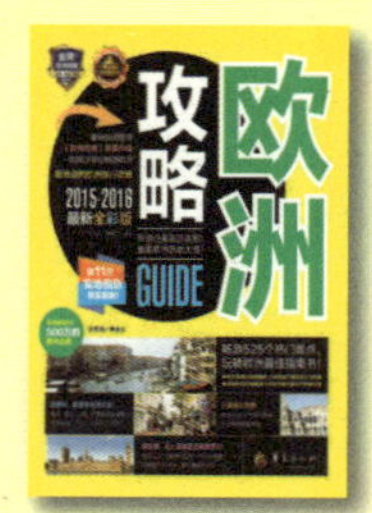

更多图书
敬请期待……

考拉旅行书目，带您乐游全球！

畅游系列！

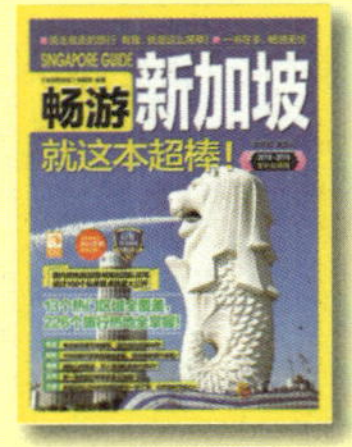

图书在版编目（CIP）数据
泰国攻略 /《泰国攻略》编辑部编著．-- 北京：华夏出版社，2020．1
ISBN 978-7-5080-9526-4
Ⅰ．①泰… Ⅱ．①泰… Ⅲ．①旅游指南－泰国 Ⅳ．① K933.69
中国版本图书馆 CIP 数据核字（2018）第 163227 号

泰国攻略

作　者　《泰国攻略》编辑部
责任编辑　杨小英
责任印制　刘　洋

出版发行　华夏出版社
经　销　新华书店
印　装　北京华宇信诺印刷有限公司
版　次　2020年1月北京第1版　2020年1月北京第1次印刷
开　本　720×920　1/16开
印　张　12
字　数　200 千字
定　价　58.00 元

华夏出版社　网址：www.hxph.com.cn　地址：北京市东直门外香河园北里4号　邮编：100028
若发现本版图书有印装质量问题，请与我社营销中心联系调换。　电话：（010）64663331（转）

考拉旅行 乐游全球